CAMINAR EN PROFECÍA, SEÑALES Y MARAVILLAS

DESCUBRA LAS DOS PALABRAS
MÁS PODEROSAS EN LA BIBLIA: *"Y ACONTECIÓ..."*

DE LA FAMILIA DE
MARIA WOODWORTH-ETTER
GLENDA JACKSON

WHITAKER
HOUSE
Español

CAMINAR EN PROFECÍA, SEÑALES Y MARAVILLAS
Descubra las dos palabras más poderosas de la Biblia: "Y aconteció…"

ISBN: 978-1-64123-877-9
eBook ISBN: 978-1-64123-878-6
Impreso en los Estados Unidos de América
© 2021 por Glenda Underwood Jackson

Whitaker House
1030 Hunt Valley Circle
New Kensington, PA 15068
www.whitakerhouse.com

1 2 3 4 5 6 7 8 9 10 11   WH   28 27 26 25 24 23 22

Este libro está dedicado a mi primer amor, Jesucristo.

ÍNDICE

PRÓLOGO

Glenda Underwood Jackson es una profetisa amada y una amiga que ha bendecido a cada persona que ha entrado en contacto con ella a través de sus revelaciones, sueños y profecías sobrenaturales. Su posición como atalaya en mi iglesia, El *Ministerio El Rey Jesús*, me ha ayudado de manera radical a llevar a la iglesia al siguiente nivel de poder en lo profético.

En 2017 fue cuando el Señor me habló por primera vez acerca de asignarle el ministerio de profecía a *Glenda Jackson*. Para ese momento no había yo dimensionado el impacto que esta poderosa mujer de Dios tendría sobre mi vida y ministerio. Desde el momento en que ella aceptó esta asignación espiritual, las profecías y declaraciones que Dios ha hablado a través de ella no solo han sucedido, sino que también nos han afirmado e iluminado como la casa de Dios que Él nos ha llamado a ser. Yo veo un reflejo de esa influencia en su libro *Caminar en profecía, señales y maravillas*.

Si hay algo que Dios nos ha llamado a hacer mientras estamos aquí en la tierra es caminar en profecía, señales y maravillas poderosas conforme vamos extendiendo Su reino. Jesús exhortó a sus discípulos a caminar en lo sobrenatural, les aseguró que "estas señales seguirán a los que creen" (Marcos 16:17). Así se espera de nosotros sus hijos hoy, y aún más en los últimos días. En este momento no podemos arriesgarnos a quedarnos atrás del movimiento del Espíritu o permanecer en nuestra zona de confort. Las consecuencias de hacer esto sobrepasan por mucho los beneficios imaginados, porque este tiempo final en que nos hallamos no puede tomarse a la ligera. Ahora, más que nunca, necesitamos el poder sobrenatural de Dios para pelear contra el diablo y sus demonios, porque nuestra batalla no es "contra sangre y carne, sino contra principados, contra potestades, contra los gobernadores de las tinieblas de este siglo, contra huestes espirituales de maldad" (Efesios 6:12). No cumplir el llamado de Dios en este aspecto de nuestra vida espiritual es no caminar en nuestra naturaleza como creyentes. Estas preguntas permanecen: ¿está usted estancado espiritualmente, fuera del fluir del Espíritu de Dios? ¿O está tomando su rol apasionadamente como uno de los creyentes del remanente fiel que Dios ha llamado para sus propósitos en este tiempo final?

La profetisa *Glenda* es un testamento de lo que es perseguir y cumplir este llamado. Le doy gracias a Dios por su vida y ministerio, que siempre está alcanzando gente para Dios. Su conocimiento y unción en lo profético y sobrenatural son armas con las que todo creyente necesita ser equipado. Sé, sin duda alguna, que *Caminar en la profecía, señales y maravillas* será un recurso valioso para tu vida. Te empoderará para caminar en tu potencial pleno como creyente en Cristo y te iluminará con las verdades necesarias para este tiempo final. Permite que esta revelación entre en tu corazón y transforme tu vida.

Apóstol Guillermo Maldonado
Pastor principal de *El Ministerio El Rey Jesús*, Miami, FL

EL ESPÍRITU SANTO ME REVELÓ

QUE LAS DOS PALABRAS MÁS PODEROSAS

EN LA BIBLIA SON ESTAS:

"Y ACONTECIÓ".

1

¡Y ACONTECIÓ!

Hace unos años me encontraba un fin de semana en *Houston, Texas*, para predicar durante tres días sobre un avivamiento del Espíritu Santo. Era el periodo de receso de la Semana Santa. Al tiempo en que fui invitada para ser la oradora principal en este avivamiento, comencé cuarenta días de ayuno y oración para que el poder de Dios se moviera en salvación y milagros. La última noche de la conferencia era el Domingo de Resurrección y también el día número cuarenta de mi ayuno. Yo estaba firme en la Palabra de Dios de que Él sería fiel en cumplir Sus promesas y responder las oraciones de la gente que estaba allí. Nuestro Dios es un Dios del AHORA, y yo sabía que Él se movería con poder en el pueblo si tenían la fe para creerle. Su Palabra no volvería vacía (ver Isaías 55:11). ¡Veríamos Su mano moverse a favor de Él mismo!

El último servicio del domingo por la noche había durado tres horas y la gente todavía seguía esperando en línea por oración. Oré en alta voz diciendo: "Señor, no nos iremos de este lugar hasta que haya orado por cada una de las personas que ha venido buscando una respuesta tuya a sus oraciones". Los próximos en la fila eran una familia con deseos de oración: un padre, una madre y sus tres hijos. Los padres querían oración por su hijo de nueve años. El Espíritu del Señor comenzó a agitarse en mi espíritu.

Llamé a uno de ellos: "*Eric*, por favor, ven aquí". *Eric Maczym* era un líder de la iglesia que me había invitado a la conferencia de ese fin de semana; él estaba filmando este momento de ministración personal. Mientras sostenía su cámara, *Eric* se unió a mí al frente de la línea de oración. La madre del pequeño estaba explicando que su hijo había nacido sin su oído derecho. Se podía ver solo un resto de piel pequeño donde debía estar su oreja y no tenía el orificio del oído. Su madre dijo que su hijo tampoco tenía tímpano en ese lado derecho.

Instruí, entonces, a su madre: "Pon tu dedo en su oído izquierdo para que él no pueda oír nada". Ella lo hizo. Entonces comencé a clamar al Señor para que sanara a este pequeño niño. En cuestión de minutos, una gran sonrisa se dibujó en su rostro. ¡Supimos que el Espíritu Santo se estaba moviendo! Su madre todavía mantenía tapado su oído bueno con su dedo, así que le dije al pastor que estaba a mi lado: "Susurra algo en el oído ausente del niño". Él susurró y le pidió al niño que repitiera sus palabras. El pequeño repitió la frase, ¡palabra por palabra! Dije: "Aléjate por detrás y susurra algo más". Otra vez, el niño repitió lo que el pastor había dicho, ¡palabra por palabra! Mientras el Espíritu Santo se movía entre nosotros, el entusiasmo de la congregación aumentaba; era casi un rugido. Los gritos jubilosos de "¡Puede oír! ¡Puede oír!" se repetían a través del salón.

¡La atmósfera en la iglesia se electrizó! Esta no era una ola de la gloria que pasaba de largo una sola vez, sino que una atmósfera empoderada por el Espíritu Santo envolvió a la iglesia y se quedó con nosotros el resto de la noche. ¡La congregación estaba en fuego, alabando y adorando a nuestro Dios que opera milagros!

Eric Maczym dijo: "Aquella Semana Santa vi uno de los mayores milagros en todos los años que llevo sirviendo a los ministerios en el cuerpo de Cristo. Nunca olvidaré el rostro de aquel niño. ¡Resplandecía! Nunca olvidaré lo que fue ser parte de este milagro mientras filmaba de cerca. El niño sonreía y gritaba dentro y fuera de la cámara: "¡Puedo oír! ¡Puedo oír!". Aquel pequeño estaba tan entusiasmado que celebraba lo que Jesús había hecho. A partir de aquel momento se podía sentir al Espíritu moviéndose en poder. Nunca había experimentado nada así antes en mi ministerio. El impacto que esto tuvo en todos los que estuvieron allí esa noche será eterno.

Dios habló Su Palabra de sanidad sobrenatural "¡y aconteció!".

LAS DOS PALABRAS MÁS PODEROSAS

Durante los primeros años de mi ministerio el Espíritu Santo me reveló que las dos palabras más poderosas en la Biblia son estas: "Y aconteció". ¿Qué significan? En las Escrituras, las palabras "Y aconteció" significan que algo sucedió *tal como Dios dijo que sería*. Dios habla Su voluntad en la Biblia o a través de mensajes proféticos *y luego* ¡sucede! Satanás odia la declaración "Y aconteció", porque sabe el efecto renovador que tienen estas palabras para nuestra fe y porque no quiere que la voluntad de Dios sea hecha en la tierra.

La voluntad de Dios siempre es hecha en el cielo. Pero Él también quiere que Su voluntad acontezca en la tierra. "Venga tu reino. Hágase tu voluntad, como en el cielo, así también en la tierra" (Mateo 6:10). No mi voluntad, no tu voluntad, sino Su voluntad. Si bien yo predico la Palabra de Dios y profetizo las palabras de Dios, es Su voluntad y no la mía la que debe acontecer.

Los ángeles alzan sus alabanzas en el cielo cuando la voluntad de Dios acontece. Sabemos que la voluntad de Dios es la salvación, "para que todo aquel que en él cree, no se pierda, mas tenga vida eterna" (Juan 3:16; ver también 2 Pedro 3:9). Cuando la gente es salva, eso es la voluntad de Dios, y Sus ángeles claman a gran voz: "¡Y aconteció!". Sabemos que la voluntad de Dios es la sanidad: "Por su llaga fuimos nosotros curados" (Isaías 53:5). Cuando la gente es sanada, eso es la voluntad de Dios, y Sus ángeles gritan: "¡Y aconteció!". Estas palabras son proclamadas por los ángeles delante del trono.

"Y aconteció" es un testimonio de quién es Jesús, lo que Él ha hecho, y lo que Él sigue haciendo en el cielo y en la tierra. Ese es Su carácter; eso es Su deidad. Usted no puede leer acerca de Jesús en los evangelios sin ver cosas acontecer. El ciego ve, el cojo camina, los muertos son devueltos a la vida. Lo que Dios tiene la voluntad de que sea hecho, sucede. Sus palabras *acontecen*. ¡Y eso da gloria a Dios!

MOMENTOS "Y ACONTECIÓ"

"Y aconteció", este es el ministerio que el Señor me ha dado. Yo predico Su Palabra, oro por Su voluntad, profetizo en Su nombre, y luego, tengo la fe de que Su voluntad *acontecerá* en la gente a mi alrededor. Cuando Dios habla a través de Su Palabra o a través de la profecía, Su voluntad sucede en nuestra vida. A eso yo le llamo momentos "Y aconteció". Por la gracia de Dios, dondequiera que voy a ministrar la Palabra de Dios, siempre hay momentos "Y aconteció". Nunca ha pasado una semana en la que no haya acontecido algo. En el cielo la voluntad de Dios es cumplida sin cuestionamientos; acontece. En la tierra, Su voluntad es cumplida cuando entendemos Su Palabra y luego la creemos por fe; entonces ¡acontece! Todos los cristianos podemos experimentar esto si tenemos la fe para creer que la voluntad de Dios acontecerá en nosotros.

Le agradezco al Señor porque he pasado toda una vida experimentando el poder sobrenatural del Dios viviente. Gracias a Su llamado, he sido bendecida con el don de moverme en la profecía desde jovencita. La profecía es el testimonio de Jesús y Sus palabras, no las mías. Dios le habla a Su pueblo hoy a través de los dones proféticos. Él da palabras que son Su voluntad, habladas a través de Su Palabra o de profecías, y luego hace que esas palabras acontezcan para Su gloria. ¡Esto es cuando tenemos un momento "Y aconteció"!

Los cristianos necesitan tener momentos "Y aconteció". Estas son las palabras de poder de Dios, y la Iglesia las necesita ¡ahora! ¿Cuánto tiempo has pasado en tu iglesia sin ver acontecer nada milagroso? La Palabra debería acontecer mientas es predicada. La Palabra debería acontecer mientras es hablada en profecía. Necesitamos una fe osada en el poder sobrenatural de las palabras de Dios y Su voluntad para que las cosas acontezcan en nuestra vida.

¡Despierta, Iglesia! No digas: *Voy a poner esa palabra profética en el estante y veré si sucede.* ¡No! ¡Tienes que tomarla por fe! ¡Tienes que tomarla por la fuerza! Porque la Biblia dice: "Desde los días de Juan el Bautista hasta ahora, el reino de los cielos sufre violencia, y los violentos lo arrebatan" (Mateo 11:12). Lo que devuelve el reino de los cielos a nuestra vida es el poder del Espíritu Santo, ¡el poder de resurrección de Cristo Jesús! Algunos de ustedes han estado esperando por largo tiempo que algo acontezca en su vida. Bueno, es tiempo de que ese juego de espera se detenga. El creyente debiera tener un momento "Y aconteció" ¡cada semana de su vida!

F.A.I.T.H. (FE)

¿Cómo experimentamos momentos "Y aconteció"? Con el tipo de fe de Dios. Él quiere que tú tengas una fe radical, sobrenatural; una fe para milagros como la sanidad del niño de nueve años que recibió un oído nuevo y otras obras milagrosas que Jesús dijo que serían mayores que las Suyas. "El que en mí cree [tiene fe], las obras que yo hago, él las hará también; y aún mayores hará, porque yo voy al Padre" (Juan 14:12). ¿Sabes lo que es la fe? Dios me dio un acrónimo especial para describir el tipo de fe a la que me refiero: F.A.I.T.H. (que en español significa "fe"), donde cada letra es la inicial de *Forsaking All I Take Him* (*Dejando todo atrás, lo tomo a Él*). En otras palabras: abandono todo lo demás en la vida y tomo a Dios como mi fuente. F.A.I.T.H. es una fe enfocada en Cristo como la única fuente de nuestra vida y no en el falso poder del mundo. No se puede hacer nada sin fe. Ni siquiera es posible obedecer a Dios sin fe.

La fe no es solo un sustantivo. ¡Es una palabra de acción! "La fe sin obras es muerta" (Santiago 2:20). Necesitamos la fe que agrada al Dios todopoderoso. "Pero sin fe es imposible agradar a Dios; porque es necesario que el que se acerca a Dios crea que le hay, y que es galardo-nador de los que le buscan" (Hebreos 11:6). Escúchalo: sin fe es impo-sible agradar al Señor, nuestro Dios. Necesitamos tener una fe fuerte y poderosa que no retroceda. Dios quiere que tengas la fe para sacu-dir el infierno. ¡El diablo debería temblar cada vez que te levantas de la cama! Tú tienes una fe ungida. La fe es la manera en que Dios bendice y cumple Su voluntad en la tierra. La fe es la forma para que sucedan los momentos "Y aconteció".

La fe que produce milagros debería ser parte de nuestra vida diaria como cristianos. ¡Yo sé que es así en la mía! Debería ser nuestro aliento mismo. Predicar la verdad de la Palabra de Dios, seguida de señales y maravillas trae consigo avivamiento. ¡El avivamiento trae almas a Cristo por la eternidad! Las señales y maravillas son las "mayores obras" de las que Jesús habló. Deberíamos estar a la expectativa de que sucedan mila-gros y sanidades todos los días. La gente en la Iglesia de hoy está abando-nando su fe a cambio de cualquier forma de evangelio más fácil. Pero esto no debería estar sucediendo. Ven a Dios en fe, esperando algo del Señor, porque si vienes no esperando nada, no recibirás nada. Deberíamos estar a la expectativa de que Dios sea fiel a Su Palabra, de modo que los momentos "Y aconteció" se manifiesten en el reino de Dios.

Siempre debemos recordar que servimos a un Dios del AHORA. Él no es un Dios solo del pasado. Él es un Dios del AHORA para noso-tros. "Ahora bien, fe es la realidad de lo que esperamos. Es la prueba palpable de lo que no podemos ver" (Hebreos 11:1 PDT). Tenemos que afianzarnos de quién es Dios y qué puede hacer y está haciendo por aquellos que creen que Él es el Dios del AHORA. "He aquí ahora el tiempo aceptable; he aquí ahora el día de salvación" (2 Corintios 6:2).

Este es el tiempo para la fe del AHORA porque servimos a un Dios del AHORA. Hebreos capítulo 11 habla acerca de esta fe del AHORA, porque nuestro Dios se está moviendo entre nosotros ahora y está espe-rando a que Su voluntad sea hecha en la tierra como lo es en el cielo. Cuando el Espíritu Santo comenzó a hablarme acerca del Dios del

AHORA, me mostró que si lees al revés la palabra NOW (en español "ahora") se deletrea W-O-N (en español, y en pasado, "ganado"). Nuestra salvación, nuestra vida, nuestro futuro eterno, todos han sido ya ganados por Jesucristo a través de Su muerte y resurrección. Servimos al Dios de los vivos, no de los muertos, ¡el Dios del AHORA!

ALIENTO EN EL ESPÍRITU

Hermanas y hermanos, quiero alentarlos. Mi oración es que este libro sobre caminar en la profecía con señales y maravillas sobrenaturales, tanto en mi vida como en la vida de cualquiera que lea este libro, edifique su fe para que Dios se mueva a su favor, de modo que experimenten momentos "Y aconteció". Para algunos de ustedes, esos milagros están muy atrasados. Sin embargo, no dejen de mirar al Señor Jesús; Él tiene las respuestas que buscan. Confíen en el Señor que tendrán testimonio de Su actuar. El Señor dice: "Reciban mi unción ahora". ¡El Dios del AHORA está aquí contigo! Oro para que cada lector reciba la liberación del Espíritu Santo desde el cielo. Únete a mí para invitar al Espíritu Santo para que te llene de sí mismo ahora, sea por primera vez o como una renovación de esa llenura. ¡Solo acude a Él con una fe expectante!

Señor, en el nombre de Jesús, derrama tu Espíritu sobre aquellos que tienen fe en tus promesas. A medida que lean este libro, revela tu voluntad para sus vidas y dales la fe para sus momentos "Y aconteció". Permite que tu pueblo experimente el poder del Dios del AHORA. Permite que sean testigos de lo que vendrá sobre ellos. Haz que llegue. Señor, haz que los momentos "Y aconteció" que sucedan en sus vidas lleven gloria a tu nombre. Padre celestial, es un honor compartir lo que me has dado para conocerte a ti y tu poder y gloria. Es un honor conocerte y saber lo que estás haciendo hoy en la tierra. Oro para que a medida que comparto las verdades que has puesto en mi corazón, me selles con tu imagen y me uses para tu gloria. En el precioso nombre de Jesús, amén.

DIOS USARÁ A AQUELLOS

QUE ESTÉN DISPONIBLES PARA ÉL

SIN IMPORTAR SU EDAD, RAZA, RIQUEZA O EDUCACIÓN.

ÉL NOS ESCOGERÁ, A USTED Y A MÍ,

SI TENEMOS LA FE PARA CREER Y

SI ESTAMOS DISPONIBLES.

2

MI HERENCIA DEL ESPÍRITU SANTO

"En Dios haremos proezas".
—Salmos 60:12

¿A qué se refiere la Biblia con la palabra "proezas" en Salmos 60:12? "Proezas" son grandes y poderosos milagros que nunca han sido hechos. Mientras Jesús caminaba sobre la tierra, Él realizó más proezas de las que podríamos imaginar. Jesús levantó a los muertos, sanó a los ciegos, cojos y leprosos; echó fuera demonios con poder de liberación. Dios nos dice que Él quiere que hoy hagamos proezas como estas sobre Su pueblo. La Escritura declara: "El que en mí cree, las obras que yo hago, él las hará también; y aún mayores hará, porque yo voy al Padre" (Juan 14:12). Dios está proclamando en Su Palabra que Él quiere hacer proezas a través de ti y de mí, a través de aquellos que lo busquen y crean de verdad a Su Palabra.

El Espíritu Santo está escaneando el cuerpo de Cristo para buscar a aquellos que pueda usar para hacer proezas en el nombre de Jesús; para buscar a aquellos que glorificarán Su nombre. ¡Él no hace caso del renombre de las personas! (ver Hechos 10:34), sino que usa a aquellos que están disponibles para Él sin importar su edad, raza, riqueza o educación. Él nos escogerá, a ti y a mí, si tenemos la fe para creer y si estamos disponibles. Dios ha sido fuerte y fiel para hacer proezas en mi familia, la familia *Underwood*, por generaciones.

En el libro de los Salmos se nos dice que declaremos las obras de Dios de una generación a la otra: "Generación a generación celebrará tus obras, y anunciará tus poderosos hechos" (Salmos 145:4). He sido bendecida con ser parte de la familia *Underwood* y el legado del Espíritu Santo que nos ha unido en Cristo a través de las generaciones. Una poderosa influencia de Dios comenzó en nuestra familia con el ministerio de *Maria Woodworth-Etter*. Por tanto, ¡quiero declarar las grandes obras que Dios ha hecho a través de las generaciones de mi familia!

ABRE LOS POZOS DE LOS GENERALES

Estoy tan agradecida por la herencia espiritual que Dios me ha dado. Esto ha sido un fundamento de fe en mi vida. Esta herencia puede rastrearse hasta la poderosa evangelista de sanidades *Maria Woodworth-Etter*. Hace años, el Señor me habló en una visión y me dijo: "Te he llamado para reabrir los pozos de tu tía bisabuela *Maria Woodworth-Etter*. Yo te envío a llevar avivamiento en el nombre de Jesús". Y he orado a menudo: "Dios, por favor, abre los pozos de tu Santo Espíritu como lo hiciste con los generales de antaño como *Maria Woodworth-Etter* y que puso el mundo de cabeza. ¡Ella tenía el poder de sacudir una ciudad para Cristo Jesús!".

Maria Woodworth-Etter (cuyo apellido de soltera es *Underwood*) fue una gigante espiritual que ministró en el Espíritu Santo seguida de señales y maravillas. "Y estas señales seguirán a los que creen", se lee en Marcos 16:17. Su ministerio comenzó justo después de la Guerra Civil Americana y se movió en poder hasta ya entrado el siglo XX. Mucha gente la llama la "Madre del movimiento pentecostal". En sus cerca de cincuenta años de ministerio, ¡decenas de miles de personas fueron salvas, sanadas y liberadas! Su legado espiritual ha sido continuado por muchos miembros de mi familia, los *Underwood*.

Mi abuelo, *Aaron Underwood*, nació a finales de los 1800 (a mediados del ministerio de *Maria*) y fue un hombre de gran fe. Él pasó el legado del ministerio de su tía *Maria* y la unción del Espíritu Santo para predicar a mi padre, *C. L. Underwood*, quien fue un poderoso evangelista itinerante bajo carpa entre las décadas de los cincuenta y los sesenta. Antes de morir, el abuelo *Underwood* también impuso sus manos sobre mí y proclamó que yo sería usada grandemente en el servicio a Dios. El mismo poder del Espíritu Santo que obró en los gigantes espirituales de mi familia en generaciones pasadas se mueve hoy a través de mí. "¡Cuán grandes son sus señales, y cuán potentes sus maravillas! Su reino, reino sempiterno, y su señorío de generación en generación" (Daniel 4:3).

MARIA BEULAH UNDERWOOD

Mi tía bisabuela nació como *Maria*[1] *Beulah Underwood* en Nueva Lisboa, Ohio, el 22 de julio de 1844; es la cuarta de ocho hermanos en una familia pobre y numerosa del campo. Tenía trece años cuando rindió su vida a Jesús; y ese mismo día se bautizó. Su pastor pudo reconocer que había algo especial en esta joven *Maria*, de modo que oró por ella para que fuera una luz brillante para Cristo toda su vida. *Maria* decía: "Apenas me convertí, oí la voz de Jesús llamándome a salir a las rutas y a los límites a buscar a las ovejas perdidas".[2]

Desafortunadamente, la vida de *Maria* tomó un triste rumbo lejos del ministerio por varios años. Se casó con un hombre llamado *P.H. Woodworth*, quien terminó siéndole infiel, según lo que ella descubrió con el tiempo. Cinco de sus seis preciosos hijos murieron jóvenes debido a las enfermedades infantiles de ese siglo.[3] En lugar de rendirse ante la vida, *Maria* se volvió a Jesús con todo su corazón y alma, y aceptó el

---

1. El nombre *Maria* se pronuncia "Maraia".
2. *Maria Woodworth-Etter, Signs and Wonders* [Señales y Maravillas] (New Kensington, PA: Whitaker House, 1997), p. 9
3. *Ibid.* pp. 9–12

llamado de Dios para servirle. Ella escribió: "Cristo es todo en todo para mí. Este mundo no es mi hogar. No tiene atracción para mí. Yo acumulo tesoros en el cielo… Alabado sea Dios por el privilegio de dejarlo todo para seguir a Jesús".[4]

VISIONES GLORIOSAS

Maria experimentó sueños y visiones del Señor a lo largo de su ministerio. "Y en los postreros días, dice Dios, derramaré de mi Espíritu sobre toda carne, y vuestros hijos y vuestras hijas profetisarán; vuestros jóvenes verán visiones, y vuestros ancianos soñarán sueños" (Hechos 2:17). Ella fue llamada al ministerio a los treinta y cinco años. Con poca educación bíblica, no se sentía para nada preparada para salir a predicar el evangelio. Pero Dios es fiel y le dio una poderosa visión que le sacó todos los miedos:

> "Entonces, sobre la pared, apareció una Biblia abierta, y los ver-
> sículos sobresalían con las letras levantadas. La gloria de Dios
> brillaba alrededor del libro y sobre el mismo. Yo miraba y podía
> entenderlo todo. Entonces, Jesús dijo otra vez: 'Ve y Yo estaré
> contigo'. Yo clamé: 'Señor, yo iré. ¿Dónde debo ir?' Y Jesús dijo:
> 'Ve aquí, ve allá, dondequiera que las almas perecen'".[5]

A partir de allí, la Biblia y el mensaje del evangelio se volvieron claros como el cristal para *Maria Woodworth*, y ella nunca miró hacia atrás. Declaró: "Yo iba a ser el vaso de barro que Dios usaría para Su propia gloria. Yo sería la portavoz de Dios. Debía confiar en que Dios hablaría a la gente a través de mí las palabras de vida eterna".[6]

"No con ejército, ni con fuerza, sino con mi Espíritu, ha dicho Jehová de los ejércitos" (Zacarías 4:6). Esto mismo es verdad para nosotros hoy. Si queremos ver el poder y la gloria de Dios, ¡tenemos que ponerlo

---

4. *Ibid.* p. 97
5. *Signs and Wonders* [Señales y Maravillas], pp. 17–18
6. *Ibid.* p. 18

primero en todas las áreas de nuestra vida y confiar en Él! Es posible que sea difícil hacerlo porque el mundo tiene muchos problemas y distracciones, pero tienes que poner a Dios primero si quieres ser usado por el poder y la gloria de Dios. Eso es lo que nos hace fuertes y capaces de hacer proezas en Su nombre.

El evangelio que predicaba *Maria* era osado, decía: "¿Qué vas a hacer con Jesús, llamado el Cristo?".[7] *Maria* predicaba directamente de la Biblia, y el poder de Dios caía. La gente lloraba y corría al altar para recibir la salvación. El avivamiento se desataba dondequiera que ella predicaba. Viajando por el Medio-Oeste entraba en una ciudad con solo unas pocas personas asistiendo a las primeras reuniones de esta aún poco conocida predicadora. Pero a medida que el poder del Espíritu Santo se paseaba por los servicios, la noticia se esparcía como fuego y cristianos y pecadores por igual llenaban sus reuniones por cientos, y luego por miles. Poco después, las iglesias se llenaban, al punto de que a mucha gente que quería asistir había que negarle la entrada.

"CAER BAJO EL ESPÍRITU SANTO"

Maria oraba por miles de personas para que recibieran el bautismo del Espíritu Santo. Era el año de 1800, mucho tiempo antes del famoso avivamiento de la calle *Azusa*. Aquellos hambrientos por Dios recibían el bautismo. Muchos hablaban en lenguas, y algunos caían al suelo, yaciendo completamente quietos en la presencia del Espíritu. *Maria* no estaba segura de cómo manejar esta manifestación del Santo Espíritu hasta que el Señor le dijo qué hacer en otra visión:

"¿No recuerdas cuando eras llevada y viste el campo de trigo y las gavillas cayendo? El gran campo de trigo era la multitud de gente a la que le vas a predicar el evangelio; las gavillas que caían es lo que ves aquí esta noche, el poder aplastante de Dios. Este es mi poder. Yo te dije que estaría contigo y pelearía tus batallas; no es

---

7. *Ibid.* p. 20

la sabiduría del hombre, sino el poder y sabiduría de Dios lo que se necesita para llevar a los pecadores de las tinieblas a la luz".[8]

"Y aconteció" así, tal como el Señor le había mostrado en la visión. En el ministerio de *Maria* ¡los momentos "Y aconteció" sucedían por miles!

Aquí fue cuando "caer bajo el Espíritu" se volvió una señal sobrenatural del poder del Espíritu Santo de Dios durante sus avivamientos. La gente que caía bajo el poder de la presencia del Espíritu se levantaba del suelo más tarde alabando a Dios por su salvación y las gloriosas visiones que Él les mostraba. ¡Era verdadero poder pentecostal!

EL DON DE SANIDAD

A medida que las multitudes crecían, también lo hacía el número de quienes la despreciaban y se mofaban de ella. *Maria* soportó la oposición con valentía, con la fuerza del Espíritu Santo y la oración. Ella escribió: "Yo oraba para que Dios mostrara Su poder, de manera que el pecador pudiera saber que Dios todavía vive".[9] Muchos de aquellos que venían a burlarse y perturbar las reuniones caían de rodillas adorando al Señor que podía salvar sus almas.

Después de diez años de predicar un ardiente mensaje de salvación, Dios le habló a *Maria* acerca del don del Espíritu Santo para la sanidad sobrenatural. Lo que ella sabía hasta el momento era que cuando oraba por los enfermos, muchos eran sanados. Al principio tenía miedo de que la gente se enfocara en los milagros de sanidad en lugar de la salvación. Pero a través de las Escrituras, Dios le aseguró que la sanidad divina era Su voluntad y parte de nuestra redención en Jesús. Escribió:

"Yo creía que, si predicaba sobre la sanidad divina, traerían a todos los lisiados del país y desatendería la salvación de las

---

8. *Signs and Wonders* [Señales y Maravillas], p. 25
9. *Ibid.* p. 53

almas. El Señor me mostró que Él se ocuparía del asunto. Yo le dije al Señor que, si Él quería que orara por los enfermos, que los enviara a las reuniones y me mostrara que Él quería que orara por ellos, *y lo haría*".[10]

Por los siguientes treinta y cinco años, *Maria* oró por miles de personas enfermas a través de los EE. UU. y recibieron la sanidad en el nombre de Jesús. Y después de ser testigos del poder sanador de Dios, miles más recibían su salvación. Recuerda que la Palabra de Dios no vuelve a Él vacía; siempre "acontece" algo. "Así será mi palabra que sale de mi boca; no volverá a mí vacía, sino que hará lo que yo quiero, y será prosperada en aquello para que la envié" (Isaías 55:11).

Una situación particular de sanidad en el ministerio de *Maria* tomó un lugar especial en su corazón. Un niño de siete años fue llevado al altar durante un avivamiento del Espíritu Santo en una carpa. Desde su nacimiento, el niño no había podido caminar, ni ver, oír ni hablar. Los mejores médicos no habían podido hacer nada por él. En su sufrimiento, golpeaba su cabeza contra una pared, como el endemoniado entre las tumbas (ver Marcos 5:1-13). Pero *Maria* se paró en la llenura de la fe de Dios y en Su Palabra conforme a Marcos 9:23, que dice: "Al que cree todo le es posible". Ella les aseguró a los padres que, si se entregaban ellos y su hijo en las manos de Jesús, ella tenía la fe para creer que Dios lo sanaría. ¡"Y aconteció" tal como *Maria* lo había dicho!

"El Señor ha realizado el mayor milagro jamás conocido; para mí, no hay caso de sanidad en el registro bíblico tan maravilloso como el de este niño… Este niño nació ciego, sordo y tonto, no tenía mente; ahora, puede oír y ver perfectamente. Dios le ha dado una mente brillante e inteligente; se ríe, juega y corretea frente al púlpito todos los días, a la vista de toda la congregación … ahora, él está bien y feliz. Al sanar a este niño, Dios ha puesto Su sello en esta obra y ha probado al mundo que yo fui llamada

10. *Signs and Wonders* [Señales y Maravillas], p. 61

y enviada por Él, que el Señor me usa de manera maravillosa para hacer Su voluntad en estos días".[11]

A través del ministerio de *Maria*, el Señor confirmó la Escritura que dice: "Envió su palabra, y los sanó" (Salmos 107:20).

"YO ESTABA EN TRANCE"

El ministerio de *Maria* era muy conocido por una señal inusual del Espíritu Santo: ella solía entrar en un trance justo en medio de la prédica. A veces, era por un momento; otras veces, su trance duraba horas. Era la manera que Dios usaba para comunicar Su voluntad a través de mi tía bisabuela. Así lo explicaba: "El Espíritu Santo lo glorificaba [a Cristo] revelándonos las cosas de Dios y mostrándonos las cosas por venir".[12]

En el libro de los Hechos, los apóstoles Pedro y Pablo cayeron en trance y recibieron mensajes y visiones del Señor.

"Pedro subió a la azotea para orar, cerca de la hora sexta. Y tuvo gran hambre, y quiso comer; pero mientras le preparaban algo, le sobrevino un éxtasis; y vio el cielo abierto…". (Hechos 10:9-11)

"Y me aconteció [Pablo], vuelto a Jerusalén, que orando en el templo me sobrevino un éxtasis". (Hechos 22:17)

Dios nunca se ha limitado acerca de cómo le habla a Su pueblo. Él habla a través de cualquier método que le parezca. ¡Él es Dios!

Tal vez, y como era de esperarse, esta tendencia a caer en trance se convirtió en el aspecto más controversial del ministerio de *Maria*. Ella podía permanecer en un trance y sin moverse hora tras hora, con su mano levantada al aire, o de rodillas, o tendida en el suelo, casi como si

11. *Signs and Wonders* [Señales y Maravillas], p. 135
12. *Ibid*. p. 209

estuviera muerta, pero ¡estaba viva y bajo el control del Espíritu Santo todo el tiempo! Los escépticos iban a sus reuniones en toda ciudad donde estuviera con el propósito de probar que esos trances no eran reales. Hasta médicos llegaban para darle una explicación médica a esos trances. Reporteros de noticias iban para escribir artículos en el intento de probar que los trances de *Maria* que sucedían en su ministerio eran falsos.

Pero una cosa era cierta: mi tía bisabuela confundió a los reporteros. Mientras estaba en trance, los periodistas caminaban y se paraban delante de ella para tratar de confundirla. Incluso le clavaban alfileres buscando obtener una reacción. Pero *Maria* no se movía. Su cuerpo estaba en la iglesia, pero su espíritu estaba en el cielo, con Jesús. Ellos querían probar que ella era un fraude, pero el fraude eran ellos. Aun así, siguieron yendo y algunos de ellos continuaron escribiendo falsedades acerca de ella. Otras veces, mientras *Maria* explicaba lo que el Señor le había dicho durante un trance, el Espíritu Santo pasaba a través de la congregación y aquellos mismos escépticos terminaban llorando y volviendo su corazón y vida a Jesús.

Algunos reporteros incluso escribían la verdad acerca del poder del Espíritu Santo en esta campesina. El *Indianapolis Times*, el *Saint Louis Post-Dispatch* y el *Kansas Democrat* estuvieron entre los periódicos que publicaron buenos reportes.[13] En *Kansas*, el *Topeka Daily Capital* publicó una evaluación elogiosa, en donde se refirió a *Maria* de la siguiente manera: "Incuestionablemente, una cristiana muy sincera y generosa, que ha dedicado su vida a llevar a hombres y mujeres a la fe en Cristo. Ella no pretende tener ningún poder inusual en sí misma. Sus discursos son simples, contundentes y sinceros, y alcanzan el corazón de la gente común".[14]

---

13. Ver *The Life of Maria Woodworth-Etter* [La vida de Maria Woodworth-Etter] Zion Christian Ministry, http://www.zionchristianministry.com/publications/books-by-shawn/the-ministry-of-mariawoodworth-etter/
14. "Concerning Religious Liberty" ["Acerca de la libertad religiosa"], Topeka (KS) Daily Capital, 14 de agosto de 1891, citado en "The Life of Maria Woodworth-Etter" [La vida de Maria Woodworth-Etter].

Esta fue la respuesta de *María* a cualquiera que cuestionara el poder del Espíritu Santo en sus reuniones:

"[El apóstol] Pablo nunca dudó del poder de Dios ni de ninguna demostración. Él sabía más acerca de la personalidad del Espíritu Santo y Sus muchos oficios, dones, visiones, revelaciones, diversas operaciones, direcciones, enseñanzas y poder, y enseñó más acerca de estas cosas que todo el resto de los apóstoles. Él probó claramente que todo este poder sería para el pueblo de Dios para siempre".[15]

LA CARPA EVANGELISTA MÁS GRANDE DE AMÉRICA

María hizo reuniones bajo carpa cerca de *Alexandria, Indiana*, durante dos domingos con una asistencia de más de 25.000 personas. El Espíritu Santo pasó por el campamento como un ciclón. Después de eso, las invitaciones para hacer reuniones de avivamiento llovían desde todas partes del país. Era finales del 1800, así que *María* y su equipo viajaban a través del país en tren y calesa a *Nueva York, Los Ángeles*, y de vuelta a *Indiana*. Me pregunto si tanta gente en la Iglesia de hoy tendría la convicción para viajar en condiciones tan desafiantes.

En un viaje a *California, María* realizó reuniones guiadas por el Espíritu Santo en *San Francisco y Oakland*. La gente viajó cientos de kilómetros para recibir oración. Los barcos eran atracados en la bahía de *San Francisco*, y marineros de muchas naciones venían a los avivamientos y recibían salvación en Cristo Jesús. Con las donaciones que recibía en estas reuniones, *María* compró una carpa para 8.000 personas sentadas. Esa fue la carpa de avivamiento más grande de América. Día y noche, miles de personas se agolpaban dentro y fuera de la carpa para oír los mensajes transformadores de *María*. ¡Algunas de sus reuniones en carpa duraron hasta cinco meses! Sentí tanto entusiasmo cuando descubrí que mi tía bisabuela había hecho tantas de estas poderosas reuniones

15. *Signs and Wonders* [Señales y Maravillas], p. 212

en *California*, donde mi propio ministerio comenzaría cerca de ochenta y ocho años más tarde.

EL MOVIMIENTO PENTECOSTAL

Con el cambio de siglo, el Señor le dio a *Maria* una bendición personal. Su primer matrimonio había terminado en divorcio años atrás por la infidelidad de su esposo. En 1902 *Maria* conoció y se casó con *Samuel Etter*, un hombre cristiano, de personalidad tranquila y que amaba a Jesucristo. Él estaba dedicado al ministerio de *Maria*. A partir de allí, ella fue conocida como *Maria Woodworth-Etter*. Juntos, *Maria* y *Samuel* sirvieron a Dios fielmente en toda la nación. En 1912 *Maria* realizó reuniones por muchas semanas en *Dallas*, junto con un joven evangelista, lleno del Espíritu, llamado *F. F. Bosworth*, quien más tarde se convirtió en un predicador pentecostal de avivamiento y sanidades que encendió en fuego espiritual el Sur de *Texas* con salvación y sanidades manifestadas por el Espíritu Santo.

El hermano *Bosworth* escribió una carta que fue publicada en la revista *Triumphs of Faith* (*Triunfo de la fe*), donde describió uno de los muchos días de milagros durante las reuniones de *Maria* en Dallas:

"[Antes] dije que ese domingo fue el día más maravilloso que jamás tuve en el ministerio. Ahora, quiero decir que anoche fue aún más maravilloso. Ninguna lengua o lápiz podría describir la reunión. Tres [personas que no podían oír ni hablar], de 54, 34 y 17 años, todas desconocidas entre sí se abrazaron, besaron, lloraron y gritaron por cerca de media hora porque Dios había abierto sus oídos, les había dado sus voces y los salvó. La gran audiencia miraba y lloraba, y tantos como pudieron se amontonaron en el lugar disponible al frente de la carpa buscando a Dios para ser salvos, sanos y ser bautizados. Muchos fueron impactados con el poder de Dios y tuvieron visiones de Jesús, y muchos recibieron el bautismo del Espíritu Santo como en Pentecostés".[16]

Dos años más tarde, en 1914, *Maria*, junto con *Bosworth* y otros líderes pentecostales, fundaron la denominación *Asambleas de Dios* en su primera convención en *Hot Springs, Arkansas*. En 1918, cuando mi tía bisabuela tenía setenta y seis años, el Señor le habló para decirle que era tiempo de terminar sus viajes y edificar una iglesia-hogar como el centro de su ministerio. No importa cuál sea nuestra edad, Dios siempre tiene una nueva visión para aquellos que están dedicados a hacer Su obra. No dejes que nadie te diga que tu tiempo en el ministerio está terminado. *Maria* edificó un Tabernáculo de las *Asambleas de Dios* en *Indianapolis, Indiana*, y pasó los últimos seis años de su vida predicando acerca de la fidelidad de Dios y del poder de Su Palabra.

HAMBRE DE DIOS

Durante el ministerio de *Maria*, la gente iba tan hambrienta por Dios que Su poder era fuerte en avivamiento. Ellos sabían que necesitaban a Jesús para su vida diaria y para su salvación eterna. *Maria* comenzaba los servicios a las nueve en punto de la mañana y los terminaba a medianoche; la gente se quedaba todo el tiempo. El poder del avivamiento de Dios era tan fuerte que los pecadores eran salvos a kilómetros de distancia, desde sus hogares, incluso si no habían asistido a las reuniones. ¡Qué poderoso Dios es al que servimos!

¿Anhelas ver hoy un avivamiento como ese? ¡Yo sé que yo sí! Pocos cristianos que viven hoy han visto alguien usado por el poder del Espíritu Santo como lo fue mi tía bisabuela *Maria Woodworth-Etter*, ¡una extraordinaria mujer de Dios!

---

16. "Maria Woodworth-Etter—Miracles in Dallas, Texas [Los milagros de Maria Woodworth-Etter en Dallas, Texas] (Reportado por F. F. Bosworth, tomado de la edición de 1912 de la revista *Triumphs of Faith*. Carrie Judd, healingandrevival.com. http://healingandrevival.com/testimonies/?p=194

Nosotros servimos a un Dios fuerte. Mi familia ha sido bendecida por conocer al Dios que es fuerte aun cuando somos débiles o tenemos poca educación o somos pobres; porque a través de Su Espíritu Santo nos fortalecemos y hacemos proezas en el nombre de Jesús. Él fue un Dios fuerte en la vida de mi tía bisabuela *Maria Woodworth*. Él fue un Dios fuerte en la vida de mi padre, *C. L. Underwood*, quien fue un poderoso evangelista de carpa entres las décadas de los cincuenta y los sesenta. En su ministerio vimos milagro tras milagro. ¡Dios es un Dios fuerte en mi vida! Él me permite predicar y profetisar en Su nombre y ver ocurrir momentos "Y aconteció" a mi alrededor. En todas las promesas que Dios ha hecho, Él nunca ha fallado. Y lo que ha hecho en el pasado, también lo hará en el futuro. ¡Yo alabo a Dios por mi herencia del Espíritu Santo!

TESTIMONIOS "Y ACONTECIÓ"

La primera sanidad registrada en las reuniones de *Maria Woodworth-Etter* fue la del *Dr. Daggett*, un médico de sesenta años que había tenido una cojera por doce años. Cuando *Maria* oró, el Espíritu Santo cayó sobre él y el dolor e inflamación en su pierna izquierda desaparecieron delante de sus ojos. El doctor soltó su bastón y gritó: "¡Gloria a Dios! ¡Estoy curado!".[17] El poder de Dios corrió por la congregación como un ciclón. Treinta años más tarde, *Maria* se encontró con los hijos del *Dr. Daggett*, quienes habían sido salvos cuando su padre fue sanado. El hijo le dijo a *Maria* que su padre había vivido una vida saludable durante años después con ambas piernas fuertes y bien.

En una de las reuniones de *Maria*, una pequeña niña fue llevada al altar en los brazos de su madre. Ella tenía meningitis espinal y no podía caminar ni hablar. *Maria* impuso sus manos sobre la niña y les ordenó a los espíritus inmundos que salieran de ella en el poderoso nombre de Jesús. En cinco minutos, aquella niña pudo sentarse derecha y levantar sus manos por encima de la cabeza. Entonces, comenzó a hablarle a su madre y a caminar sobre la plataforma. ¡A la mañana siguiente, la niña corrió a la plataforma para mostrar que había sido sanada de manera sobrenatural!

Estas sanidades fueron todas resultado de las maravillosas promesas de Dios en Su Palabra.

"Y aconteció".

---

17. *Signs and Wonders* [Señales y Maravillas], p. 71

YO QUIERO QUE EL FUEGO VUELVA A TI

ASEGURARME DE QUE ESTÁS VIVO EN JESÚS

EXPERIMENTANDO EL FUEGO Y EL VIENTO DEL

ESPÍRITU SANTO DE MANERA TAN PODEROSA

COMO SE SINTIERON EL DÍA DE PENTECOSTÉS.

3

EL DIOS DE VIENTO Y FUEGO

*"Y de repente vino del cielo un estruendo **como de un viento recio que soplaba**, el cual llenó toda la casa donde estaban sentados; y se les aparecieron lenguas repartidas, **como de fuego**, asentándose sobre cada uno de ellos. Y fueron todos llenos del Espíritu Santo, y comenzaron a hablar en otras lenguas, según el Espíritu les daba que hablasen".*
—Hechos 2:2-4

"Un viento recio que soplaba… lenguas repartidas, como de fuego" … Nací en *California* y he vivido allí la mayor parte de mi vida. ¡Sé lo que una mezcla de viento y fuego puede hacer! Un viento soplando fuerte y un fuego abrasador son la peor pesadilla de un bombero. Un día le pregunté al Señor: "¿Por qué trajiste el viento y el fuego juntos en el aposento alto en Pentecostés?". Él me respondió: "Porque no quiero que el fuego se extinga. Quiero que mi Palabra se esparza a todo el mundo". ¡Este es el viento y el fuego del Espíritu Santo! Dios no quiere que Su viento y fuego se extingan nunca. El viento recio está soplando para que nadie pueda extinguir el poder del Espíritu Santo.

Nosotros servimos al Dios de viento y fuego; el viento y fuego del Espíritu Santo, exactamente como fue manifestado el día de Pentecostés y durante el tiempo de la iglesia primitiva. "Ciertamente de los ángeles dice: El que hace a sus ángeles espíritus, y a sus **ministros llama de fuego**" (Hebreos 1:7). Ministros que son una flama de fuego, esos incluyen a mi tía bisabuela, mi abuelo y mi padre. ¡Y también podemos serlo tú y yo!

EL FUEGO EN LOS REFUGIOS DE ARBUSTOS

Mi abuelo *Underwood* fue salvo y lleno del Espíritu Santo durante un tiempo que fue conocido como "los días de los refugios de arbustos". En estas reuniones, los predicadores itinerantes construían refugios temporales al aire libre con arbustos y árboles pequeños como protección del clima, tanto para ellos como para aquellos que viajaban para oírlos predicar la Palabra. Las reuniones de los refugios de arbustos estaban llenas de fogosos mensajes de convicción y arrepentimiento, con llantos angustiosos, seguidos de gritos de júbilo. ¡Muchas almas fueron salvas!

Cuando mi abuelo fue lleno con el Espíritu Santo en una de estas reuniones, cayó bajo el Espíritu. Su familia lo levantó del suelo, lo puso en la parte de atrás de una carreta tirada por caballos y lo llevó a casa. Horas más tarde, se despertó después de haber estado en la presencia de Dios y nunca más fue el mismo. El abuelo *Underwood* asistía a las reuniones de avivamiento bajo carpas cada vez que le era posible y compartía historias del ministerio de *Maria Woodworth-Etter* con toda la familia.

Gracias a las sanidades milagrosas que vio en aquellas carpas de avivamiento, el abuelo *Underwood* creía en el poder de Dios para sanar todavía. Cuando mi papá era un niño, se rompió un brazo jugando afuera de la casa. Mis abuelos lo pusieron en la carreta, lo llevaron directo a la iglesia y lo colocaron en el altar. Gente de fe vino por horas a orar por él y no se detuvieron hasta que la respuesta llegó y el brazo de mi papá fue totalmente sanado. Mi padre supo que Dios era sanador a muy temprana edad.

En aquellos años, mi familia vivía la vida con mucha similitud a los personajes del libro y película *The Grapes of Wrath* (Las uvas de la ira). Mi abuelo perdió su granja durante una crisis financiera en la nación, y toda mi familia (mis padres, hermanos y yo, junto con mis abuelos, tíos, tías y primos) viajamos de *Oklahoma* a *California* con una tienda y un colchón atados al techo del carro y buscando trabajo de granja. Finalmente, nos asentamos en el centro de *California*. Durante esos duros años, el Señor nunca nos soltó, y mi abuelo nunca se soltó de la mano de Jesús.

HUYENDO DEL LLAMADO

Desde que era un niño, mi padre, *C. L. Underwood*, fue llamado por Dios a predicar Su Palabra con señales y maravillas, especialmente con el don de la sanidad. Mi abuelo oró sobre mi papá muchas veces y siempre lo animó a seguir su llamado. Su tío *John* y su tía *Sarah*, que eran ministros pentecostales, oraron por lo mismo. Una vez, el tío *John* le preguntó a mi padre: "¿Cuánto tiempo más vas a seguir huyendo del llamado de Dios en tu vida?". Pero mi padre no escuchaba.

En los primeros años de su matrimonio, mis padres no seguían a Cristo. En aquellos años tuvieron seis hijos: *Charles, Jo Ann, Phillip* (que murió unos días después de nacer), yo, *Geraldine* y el bebé, *Danny*. Nosotros tuvimos una buena infancia; pero mi padre pasó muchos de sus días enojado. ¡Tú sabes lo abatido que un caído puede quedar!

Pocos años después, mi abuelo estaba en el hospital muriendo de cáncer. Mi papá amaba a su padre; se sentaba al lado de su cama de hospital todas las noches. La salvación de mi papá era lo principal en el corazón de mi abuelo y, una noche, ya tarde, mi abuelo compartió unas palabras finales con él. Mi abuelo dijo: "Hijo, esta es la última noche que te sentarás conmigo. Un ángel del Señor se paró a los pies de mi cama y me dijo que volvería mañana a la tarde para recibirme en el cielo. Mañana me iré a casa a las dos de la tarde. Hijo, tienes que ponerte bien con el Señor. Tienes que dejar de huir del llamado, volver tu vida al Señor Jesús y predicar el evangelio".

Y aconteció al día siguiente, a las 2 p.m. exactas, que mi abuelo dejó este mundo y entró a su hogar celestial eterno. Él se fue con una sonrisa, lleno de paz y cantando el viejo himno *¡Te veré por la mañana!* El abuelo *Underwood* había perdido muchas cosas en su vida debido a las crisis; pero conservó lo más preciado para él, su salvación en Cristo Jesús. ¡Él se deslizó en la eternidad con su fe en su gran Dios y todavía fuerte!

MI PAPÁ DEJA DE HUIR

Mi vida mientras crecía fue grandiosa a partir de mis ocho años. ¿Por qué a la edad de ocho años? Porque fue entonces que, finalmente, mi papá rindió su corazón y vida a Jesús. ¿Quién sabe cuánto tiempo habría seguido huyendo de Dios si no fuera por mi madre? Ella fue una guerrera de oración poderosa, cuya intercesión ante el Padre hizo toda la diferencia en el futuro de nuestra familia. Dios en realidad escogió mi familia especialmente para mí. Ellos me enseñaron a tener una gran fe en nuestro gran Dios. Yo no cambiaría las bendiciones o desafíos de mi vida ni por todo el dinero del mundo. Dios realmente ha cambiado mis pruebas en oro para Su gloria.

Mi papá huyó del llamado de Dios durante su vida, fue un hombre muy afligido. Mi madre, en cambio, había aceptado a Jesucristo unos años atrás e iba a los servicios de la iglesia o a los avivamientos cada vez que podía, y llevaba consigo a mi hermano menor *Danny*, a mi hermana pequeña, *Geraldine*, y a mí. Un domingo por la tarde, mi madre se bautizó en el río, momento en donde el Señor realmente se movía entre los presentes. Yo también me bauticé ese día. Me sentí tan limpia y feliz por dentro, hasta que llegamos a casa, a encontrarnos con un papá enojado. Poco después, mamá recibió el bautismo del Espíritu Santo e incluso fue llamada a predicar en nuestra iglesia local. ¡Mi papá se enojó aún más!

Pero mi madre nunca permitió que él la alejara de Jesús. Ella tenía una fe tan grande que oró firmemente por la salvación de mi padre durante siete años.

Estimado lector, no te rindas en la lucha espiritual por tus seres queridos. Cuando oras por su salvación, estás orando de acuerdo con la voluntad de Dios. Ciertamente, es la voluntad de Dios que ningún hombre se pierda. ¡Así que, sigue pidiendo y sigue creyendo!

¡NO IMPORTA LO QUE TOME!

Un domingo, a principios de los 1950, dos evangelistas ungidos vinieron a *Buttonwillow*, *California*, y rentaron el cine local para tener un avivamiento del Espíritu Santo. Los hermanos *Crumwell* y *Gilgore* eran evangelistas llenos del Espíritu con una cita divina puesta por Dios para mi padre. Mi madre y yo, junto con *Danny* y *Geraldine*, asistíamos a los avivamientos cada noche. Mi padre se rehusaba a unírsenos.

Mi papá era carnicero de oficio y amaba su trabajo. La gente venía de lejos para comprar la carne en el negocio de mi papá. Él estaba muy orgulloso de sí mismo por proveer para su familia después de aquellos años de crisis financiera. Los tiempos eran mucho más sencillos entonces. Cada día, mi madre se iba un poco antes de la hora del almuerzo para ir a casa a prepararle el almuerzo a papá; unos minutos más tarde, mi padre caminaba a casa y ambos disfrutaban su almuerzo juntos.

Un día, mi madre fue a casa a preparar el almuerzo, como de costumbre; pero Dios tenía otros planes. Cuando ella entró en la casa, la presencia del Espíritu Santo cayó sobre ella y supo que tenía que ponerse a orar allí mismo. Corrió al baño donde siempre oraba, se arrodilló, bajó su cabeza dentro de la canasta para la ropa y comenzó a clamar a Dios. Ella oraba: "He llegado tan lejos como he podido con C. L., Señor. Tienes que tomar el mando y salvar su alma ahora". Hay una unción especial en el Espíritu que viene sobre ti e intercede a través de ti. Así que, hermano o hermana, levanta tu fe ante el trono de la gracia, como escribió Pablo en Hebreos 4:16: "Acerquémonos, pues, confiadamente al trono de la gracia, para alcanzar misericordia y hallar gracia para el oportuno socorro".

Mientras mi madre clamaba en oración, mi papá entró a la casa y la oyó decir: "Por favor, Señor, no importa lo que tome, salva su alma, y haz que predique el evangelio y que ya no huya más". Cuando mi padre oyó esas palabras, algo apretó su corazón y corrió a la puerta, y así estuvo durante todo el camino de vuelta al trabajo.

Unos minutos después de que papá llegara a la carnicería, un camión con una entrega de carne se estacionó. Mi padre llevaba medio cuarto de carne en su hombro cuando su pie resbaló sobre el aserrín que cubría el suelo del mercado de carne. Se cayó con la pesada pieza de carne sobre él y eso desgarró los músculos de su corazón. Con un dolor horroroso, fue llevado de urgencia al hospital, pero los médicos dijeron que era poco lo que podían hacer para ayudarlo. Mis padres buscaron la opinión de especialistas del corazón hasta *Beverly Hills*; pero todos los médicos les dieron el mismo reporte. Las palabras exactas fueron estas: "Ponga su casa en orden porque usted va a morir". Ellos recetaron a mi padre con cincuenta pastillas al día solo para que siguiera respirando. Luego, lo enviaron a casa sin esperanza alguna.

DIOS SIEMPRE TIENE UN PLAN

¡Alabado sea el Señor, mi Dios tenía otros planes! Al mismo tiempo, un avivamiento llevado a cabo por los evangelistas *Crumwell* y *Gilgore* estaba en todo su apogeo en el edificio del cine en *Bakersfield, California*, a tan solo 55 kilómetros de nuestra casa. Mi madre y yo, junto con *Danny* y *Geraldine*, asistíamos al servicio todas las noches para adorar a Dios y orar por la salvación y sanidad de mi padre. Papá estaba viviendo con un dolor muy intenso. Pero una noche, mientras nos preparábamos para la reunión de avivamiento, él le dijo a mi madre: "Creo que voy a ir con ustedes esta noche". Los caminos de Dios no son nuestros caminos. Sus respuestas son mayores que nuestras oraciones. ¡Nunca olvidaré aquella noche mientras viva!

El hermano *Gilgore* estaba predicando acerca de Éxodo 3, que describe cuando el Señor le dijo a Moisés que se quitara el calzado porque estaba parada sobre suelo santo (ver v. 5). Mi papá ingresó al cine por la puerta de atrás, esperando que ninguno de sus amigos lo hubiera visto entrar en la reunión de ese "montón de pentecostales". Nos sentamos con él al fondo para que pudiera irse en cuanto quisiera hacerlo. Pero el Espíritu Santo estaba en control del servicio aquella noche. Mi padre tenía una cita divina con Dios, y las poderosas oraciones de mi madre estaban a punto de ser contestadas.

Mirando por encima de la multitud, el hermano *Gilgore* dijo: "Alguien aquí ha estado huyendo de un llamado a predicar. Estás muriendo y tu asiento se siente como si se estuviera incendiando debajo de ti". En ese momento exacto, mi papá se quitó los zapatos porque supo que estaba pisando una tierra santa. Luego, corrió al altar gritando: "¡Mi asiento realmente se está quemando!". Allí, cayó de rodillas y rindió su corazón y su vida a Jesús. ¡Oh, cuán feliz estaba yo esa noche! ¡Era como el cielo para mí! ¡Mi familia se regocijaba con una alegría inexplicable, llena de la gloria!

Ahora, mi madre y mi padre eran salvos y estaban listos para servir a Jesús. ¡Ese fue el mayor regalo del mundo! ¿Qué daría una persona a cambio de su alma? ¡Gracias a Dios por una madre llena del Espíritu Santo que me enseñó a nunca rendirme en la oración hasta que aquello que se está pidiendo acontezca!

¡EL ESPÍRITU SANTO Y EL FUEGO!

Una cosa no había cambiado. Mi padre todavía se estaba muriendo. Una semana después de que él recibiera su salvación, mi madre estaba trabajando en la carnicería y orando para que él fuera sano y bautizado con el Espíritu Santo. De repente, el Señor le habló diciendo: "Ve a casa y toma a tu esposo. Ponlo en el carro y llévalo a *Bakersfield*, donde el hermano *Gilgore* y el hermano *Crumwell* todavía están ministrando". El Señor le dijo a ella que los evangelistas iban a imponer sus manos sobre mi padre y Jesús lo llenaría con el Espíritu Santo y con fuego.

Apenas mi madre oyó al Señor hablar, se puso en movimiento. Con lo enfermo que estaba mi papá, de alguna manera mamá lo puso en el asiento de atrás del auto y lo cubrió con una manta. Con una gran fe en Dios y Su Palabra, salió en obediencia a Él. A mi madre nunca se le ocurrió parar y llamar a los dos evangelistas para avisarles que iba en camino. Pero no importaba. Dios estaba al cuidado de todo. Cuando tu fe es verdadera, siempre actúas en obediencia al Señor y Sus mandatos.

Casi al mismo tiempo, el hermano *Gilgore* y el hermano *Crumwell* estaban sentados en un restaurante, en *Bakersfield*, esperando su desayuno. De la nada, el Espíritu les dijo que se fueran de inmediato y volvieran al remolque donde se estaban quedando porque alguien llamado hermano Underwood necesitaba que oraran ¡ahora! Ellos pagaron la cuenta, le dijeron a la mesera que volverían cuando pudieran y se dirigieron al remolque.

Apenas llegaron, mi madre se estacionaba en el patio donde estaba el remolque. Sabía que ellos se alojaban en algo así, en la casa de alguien, pero no tenía idea de su ubicación. El Espíritu Santo del Señor fue su *GPS* y dirigió su camino. Mi madre les dijo a los evangelistas lo que Dios le había dicho. Ellos abrieron la puerta del auto e impusieron sus manos sobre mi padre; al instante, él fue bautizado con el Espíritu Santo. "Y aconteció" exactamente como el Señor le había hablado a mi madre.

¡Obedecer al Señor siempre rinde frutos! La fe sin obras es muerta. Realmente es imposible agradar a Dios sin fe. No tenemos suficiente de esa fe en la Iglesia de hoy. Todo es tan fácil en nuestra sociedad. Por tanto, actuamos como si solo necesitáramos de Dios una parte del tiempo. ¡Veremos a Dios moverse de manera grandiosa y poderosa cuando lo necesitemos todo el tiempo! Somos conocidos tanto en el cielo como en el infierno por nuestra fe. La fe produce giros en nuestra vida. Si no tienes un giro espiritual, te estás perdiendo lo mejor de Dios, porque la vida con Jesús es ¡fascinante!

Mi madre llevó a mi papá de vuelta a casa después de su bautismo en el Espíritu Santo. ¡Ambos estaban felices! Papá estaba lleno del Espíritu Santo y fuego, tal como en el libro de los Hechos. Años atrás, mi tía bisabuela *Maria* describía el poder de nuestro Dios cuando ella fue bautizada en el Espíritu Santo:

"El poder del Espíritu Santo vino como una nube. Era más brillante que el sol. Yo fui cubierta y envuelta en ella. Mi cuerpo era ligero como el aire. Parecía que el cielo había venido. Fui bautizada con el Espíritu Santo y fuego con un poder que nunca me ha dejado. ¡Oh, alabado sea el Señor! Era un fuego líquido, y los ángeles estaban alrededor del fuego y la gloria. Es por el Señor Jesucristo y por este poder que me he parado frente a cientos de miles de hombres y mujeres para proclamar las insondables riquezas de Cristo".[18]

Y así fue como en nuestras vidas vivimos algo tan real como si estuviéramos en el libro de los Hechos. Mis padres creían que la sanidad milagrosa de Dios ahora estaba en camino.

¡YO SOY EL SEÑOR QUE TE SANA!

Satanás peleaba contra mi papá a diario con el dolor que rodeaba su corazón, pero el enemigo nunca pudo ganar contra la fe en Dios que responde con fuego. De noche, podíamos oír a papá arrastrándose por el piso tratando de respirar y clamando a Jesús. Él confesó al Señor: "Yo te creo por mi sanidad, ya sea aquí en la tierra o en el cielo". Cada noche, mi familia, incluyendo a mi papá, asistíamos al avivamiento en *Bakersfield*. La salud de papá parecía empeorar; pero su alma estaba sana y fuerte en

---

18. *Signs and Wonders* [Señales y Maravillas], p. 16

Jesús. Él estaba parado en la declaración de Dios citada en Éxodo 15:26: "Yo soy Jehová tu sanador".

Una mañana, después de que mi madre se fuera al trabajo y nosotros, los niños, a la escuela, mi padre se quedó solo en la casa, sentado al costado de su cama, sosteniendo su pecho en angustia. Con determinación, él comenzó a poner las botellas de sus medicinas, una por una, en una caja. Entonces, le dijo al Señor: "Yo sé que Tu Palabra dice que *tú eres 'el* SEÑOR *que me sana'*, así que no voy a tomar una pastilla más. Tú me sanas hoy aquí o me llevas a mi hogar, porque estoy listo para partir; pero no puedo seguir viviendo con este dolor".

En ese momento, la habitación se iluminó con una luz brillante y Jesús se apareció ante mi padre, quien describe que vio como ríos de aguas de sanidad fluyendo de la boca del Señor. "Después me mostró un río limpio de agua de vida, resplandeciente como cristal, que salía del trono de Dios y del Cordero" (Apocalipsis 22:1). Mi padre sintió este río de sanidad fluyendo a través de su cuerpo y en su corazón. ¡Y fue sano al instante! Entonces, el Señor le habló: "Ve a decirles a tus médicos que estás sano. Yo te doy desde ahora el don de sanidad. Te envío a mucha gente a llevarle sanidad".

Al momento, mi papá saltó y corrió afuera, al jardín, con el temor de Dios en él. El pastor *Oglivee*, un ministro local, venía justo a visitarlo. Cuando el pastor vio a mi padre corriendo afuera, gritó: "¡Hermano *Underwood*, has estado con el Señor! ¡Tu rostro está brillando con una luz resplandeciente!". Mi padre le respondió jubiloso: "¡Sí, he estado en la presencia del Altísimo, y Él me ha sanado!". ¡Alabado sea Dios por Su fidelidad a Su Palabra!

Esa semana, mi papá volvió a ver a sus médicos en *Bakersfield* y les anunció: "¡El Señor me ha sanado! ¡Voy de vuelta al trabajo!". Por supuesto, ellos quisieron hacer más pruebas y tomar nuevas radiografías de inmediato. Cuando los resultados estuvieron listos, los doctores apenas podían creer lo que sus ojos veían. ¡Mi papá tenía un corazón nuevo, ¡hecho por un milagro creativo! ¡Gloria al Señor! Un "Y aconteció" que el Señor hizo tal como lo había prometido.

¡Jesús tuvo la última palabra! Jesucristo es victorioso en nosotros por siempre. El enemigo volvió a perder. La fe de mi papá en un Dios poderoso para sanar lo logró. ¡El Señor quiere que la Palabra opere en nuestra vida en el poder y fuego del Espíritu Santo!

ABOGADOS CONFUNDIDOS

Había una parte más en el milagro de sanidad de mi papá. Cuando él se accidentó, unos abogados tomaron su caso y demandaron a sus empleadores para obtener dinero para nuestra familia. El día del juicio, aquellos abogados estaban fuera del tribunal, esperando que mi papá llegara en una silla de ruedas o con muletas. Cuando él llegó caminando, iba lleno del Espíritu Santo y les dijo a los abogados: "No voy a seguir con este caso. ¡El Señor Jesucristo me ha sanado, y tengo los registros médicos para probarlo!". Ellos quedaron estupefactos.

Los abogados le rogaron a mi padre que mintiera y testificara que estaba sufriendo un gran dolor. Apenas ellos hablaron estas palabras, él comenzó a sentir dolores en el pecho. Mi padre reprendió al diablo en el nombre de Jesús y entró a la sala de la corte con la osadía del Espíritu Santo. Él testificó ante el juez y explicó cómo el Señor Jesús lo había salvado, sanado, y lo había llenado con Su poder para testificar en Su nombre. El juez se sintió tan movilizado que terminó llorando. Solo la eternidad revelará si ese juez aceptó a Jesucristo ese día.

Vale la pena responder al llamado del Señor. Mi querido amigo, si tú no conoces al Señor Jesucristo, yo te animo en este día a darle tu corazón y alma a Él, y a pedirle que perdone tus pecados. Entrégale tu vida a Él. Yo te garantizo que nunca te arrepentirás de haberlo hecho. El Señor Jesucristo derramó Su sangre en la cruz por los pecados de todos, incluyéndonos a ti y a mí. Tú puedes tener el testimonio de un "Y aconteció" en tu vida, ¡tal como le pasó a mi padre!

EVANGELISTA C. L. UNDERWOOD

Mi padre se convirtió en un predicador poderoso seguido por señales y maravillas, especialmente con el don de sanidad. ¡Finalmente, estaba respondiendo a su llamado de toda la vida! Él siguió trabajando como carnicero de día, pero por la noche hacía avivamientos por todo el Norte de *California*. Él entraba a una reunión con aquella enorme caja llena de medicinas que había usado para mantenerse vivo, y cubría el altar con esas botellas mientras predicaba y daba su testimonio de sanidad. Mientras él hablaba, el Espíritu del Señor era tan fuerte que la gente pasaba adelante con toda clase de enfermedades y era sanada al instante. Era un poderoso movimiento del Señor. Fui testigo de milagros tales como oídos sordos abiertos, ojos ciegos recibiendo la vista, gente paralítica caminando, y pacientes con cáncer siendo sanados.

UNA VISIÓN LLEVA AL AVIVAMIENTO

Recuerdo cuando mi mamá y mi papá abrieron la iglesia *Faith Chapel* (*Capilla de fe*) en el edificio de un cine en *Hayward, California*. Ellos creían que Dios estaba trayendo un avivamiento del Espíritu Santo, aunque, al principio, solo nosotros cinco asistíamos; papá, mamá, mi hermana menor, mi hermano menor y yo. Durante la primera semana, fuimos a la iglesia cada noche, y aunque nadie venía, mis padres actuaban como si la iglesia estuviera llena. Ellos clamaban a Dios en el altar, y luego mi papá predicaba un poderoso mensaje de fe solo para nosotros.

La segunda semana, mi padre le preguntó a mi madre si debíamos ir a la iglesia otra vez aquella noche. Ella le respondió: "Mientras oraba hoy, el Señor me mostró una visión de una joven mujer con siete hijos que venía a la iglesia y era salva". Ella describió la apariencia de la mujer y dijo que su nombre era *Sarah*.

Cuando llegamos a la iglesia, estaba vacía, como cualquier otra noche. Los cinco nos arrodillamos en el altar y oramos. Como media hora después, entró una mujer que coincidía perfectamente con la descripción de mi mamá. Ella pasó al altar, oró desde lo profundo de su corazón y rindió su vida a Jesús. Cuando se puso de pie, con las lágrimas corriendo por su rostro, se volvió a mi mamá y dijo: "Mi nombre es *Sarah*, y tengo siete hijos. ¡Necesito a Jesucristo en mi vida!". La visión de mi madre era de Dios; fue un "Y aconteció".

¡Oh, a qué Dios tan poderoso servimos! El Señor nunca les falló a mi padre y a mi madre. Ambos eran guerreros de oración, llamados por Dios a predicar. Ambos tenían una fe *bulldog*, una que nunca se rinde. ¡Cómo necesitamos gente así hoy día! Especialmente entre nuestra juventud, quienes necesitan ver las poderosas obras de Dios que yo pude ver mientras crecía. Cuando mi madre y padre oraban y caminaban en esta gran jornada de fe con Cristo, no recuerdo haberlos visto desanimados nunca. Si lo estaban, no lo mostraban. Eran gente de oración implacable y fe inquebrantable.

A partir de aquella noche, las reuniones se llenaron. El avivamiento explotó y mucha gente venía a recibir a Jesús como Salvador y Señor. Ese es el verdadero propósito de Dios para las reuniones y ministerios del Espíritu Santo. ¡No debemos darnos por vencidos nunca hasta que eso acontezca! Muchos cristianos se desaniman y se dan por vencidos justo cuando Dios está listo para moverse. ¡Nunca te rindas con el Señor porque Él es fiel!

PODEROSOS AVIVAMIENTOS BAJO CARPA

Las iglesias ya no podían contener las multitudes, así que mi papá comenzó a llevar a cabo las reuniones de avivamiento al aire libre. El tipo de reuniones bajo carpa que *Maria Woodworth-Etter* hacía en aquellos primeros años se volvió muy popular en la década de los cuarenta y hasta los sesenta. Papá comenzó a viajar y a ministrar en carpas de avivamiento por toda *California*. Él tenía sanidades increíblemente poderosas en estas reuniones; podría haberse convertido en un evangelista de carpa famoso. Pero eso no era lo que él quería. *C. L. Underwood* nunca buscó fama ni fortuna; solo quería obedecer el llamado de Dios y llevar las sanidades del Espíritu Santo que había experimentado a otros que necesitaran sanidad para su alma o su cuerpo.

Durante mis primeros años de ministerio, me encontré por toda *California* con gente que había sido sanada en las reuniones de mi padre. ¡Y todavía caminaban en salud veinticinco años más tarde! ¡Oh, cuán grande es realmente nuestro Dios! ¡Solo basta con creer y conocer al Señor Jesucristo! Mi papá caminó y vivió totalmente en el poder y el fuego del Espíritu Santo. Era una vida tan emocionante para nosotros estar con mamá y papá en la carpa. Teníamos reuniones tan grandiosas en las carpas de avivamiento. ¡Dios se movía en cada servicio! ¡Miles eran salvos y sanos!

El fuego del Espíritu Santo está todavía vivo y dispuesto sobre la tierra hoy. Tenemos que abrazarlo y tener la fe para creer. Yo creo hoy que el fuego va a volver. Quiero ver el fuego de vuelta en ti; para asegurarme de que estás vivo en Jesús, experimentando el fuego y el viento del Espíritu Santo de manera tan poderosa como se sintieron el día de Pentecostés. Recuerda, el viento es para que nadie pueda apagar el fuego. ¡Esto es avivamiento en Cristo Jesús!

TESTIMONIOS "Y ACONTECIÓ"

Cuando mi hermano mayor, *Charles*, tenía solo cuatro años, estaba jugando en el patio de afuera arrojando piedras a latas de fruta viejas. Había roto algunas latas y, por accidente, pisó un trozo de vidrio roto con sus pies descalzos. Su pie comenzó a sangrar y él a llorar. Ahí mismo, tuvo una experiencia sobrenatural. Aconteció que un hombre en túnica blanca se le apareció y le habló en un tono amable.

El extraño se arrodilló al lado de *Charles* y tocó su pie sangrante; la sangre se detuvo de inmediato y el dolor se fue. Fue como si su pie nunca se hubiera cortado. El hombre le dijo a *Charles* que su nombre era Cristo Jesús y que cuando mi hermano creciera iba a predicar el evangelio.

Con su pie sanado, *Charles* corrió a la casa y le preguntó a mamá: "¿Quién es Jesús?". Mis padres no caminaban con el Señor en aquel tiempo, así que mi madre sintió la convicción del Espíritu Santo y le preguntó a Charles: "¿Quién te habló de Jesús?". Él le dijo a mi madre que se había cortado un pie y que este hombre llamado Jesús había hecho que la sangre se detuviera, y que cuando él creciera predicaría el evangelio. Charles no tenía idea de qué significaba "predicar el evangelio" porque, reitero, mis padres estaban lejos del Señor. "Y aconteció" que, siendo adulto, ¡Charles se convirtió en un poderoso predicador de la Palabra de Dios!

Un día, la carnicería de mi padre se había quedado sin carne, y papá no tenía dinero para comprar un cargamento de carne. Los clientes venían a comprar y encontraban las fuentes de carne vacías. Mi madre cocinaba tartas todas las noches para el negocio y también hacía fuentes de ensalada de papas y de macarrones. La gente venía de todas partes a comprar la carne de mi padre y la comida casera de mi madre. Con fe, mi papá les dijo a sus clientes que la entrega de carne estaba en camino.

Mi papá siempre buscaba a Dios y no al hombre por las respuestas que necesitaba.

Tres días más tarde, mi padre y yo fuimos a la iglesia para nuestro servicio de miércoles por la noche, en el edificio del cine. En medio del servicio, recibimos un mensaje en lenguas del Espíritu Santo, y la interpretación fue un mensaje de Dios para mi papá de que la ayuda estaba en camino. Cuando volvimos a casa aquella noche, una pareja tocó a nuestra puerta. Ellos habían conocido a mi padre hacía un tiempo atrás mientras él ministraba en nuestra iglesia. Ellos no habían estado esta noche en la iglesia, pero el Señor les había dicho que mi papá tenía una necesidad financiera y vinieron a darle la cantidad de dinero que el Señor les había hablado. ¡Era la cantidad exacta que él necesitaba para el cargamento de carne! "Y aconteció" exactamente como el Espíritu Santo había hablado aquella noche en la iglesia.

Cuando te paras firme en tu fe en Dios y en Su santa Palabra, eso acontece. No tienes que rogar ni correr a decirle a todo el mundo lo que necesitas. ¡Me alegra tanto que mi padre me enseñara a depender de la Palabra de Dios y de la autoridad del nombre de Cristo Jesús!

EL AMOR DE DIOS NUNCA SE RINDE CON NOSOTROS.

ÉL SIEMPRE ES FIEL PARA EXTENDERNOS SU AMOR

CUANDO ESTAMOS EN NECESIDAD.

CUANDO TÚ FALLAS, ÉL TE AMA.

CUANDO ESTÁS ENFERMO, ÉL TE AMA.

NO HAY NUNCA UN MOMENTO EN QUE DIOS NO TE AME.

HOY Y CADA DÍA, RECIBE EL GRAN AMOR DE DIOS.

ACÉRCATE A DIOS HOY.

4

NUESTRO DIOS ES FIEL

He conocido el poder de las afirmaciones "Así dice el Señor" y de "Y acontecerá" a través de mi vida. Lo vi en el ministerio de mis padres, que estaba lleno de recuentos de Su fidelidad en oraciones contestadas, y lo he visto en mi propia vida en cerca de cincuenta años de ministerio. La Biblia nos habla, una y otra vez, acerca de la fidelidad de Dios a Sus hijos. "Conoce, pues, que Jehová tu Dios es Dios, Dios fiel, que guarda el pacto y la misericordia a los que le aman y guardan sus mandamientos, hasta mil generaciones" (Deuteronomio 7:9).

Desde mi temprana infancia tuve hambre de conocer más y más de Jesús. Cuando tenía tres años, mi abuelo *Underwood* impuso sus manos sobre mí y declaró que yo sería poderosamente usada por Dios. Afirmó: "*Glenda*, un día serás una poderosa obrera para el Señor". He visto esta palabra profética acontecer en mi vida desde mis años de juventud.

MI PADRE ERA TODO PARA MÍ

Mi padre era todo mi mundo, y yo quería ser como él. Iba a todas partes con él, dondequiera que ministrara. Me entusiasmaba mucho ver la mano de Dios moverse a través de mi papá. Comencé a predicar, así en nuestro patio, como a otros niños del vecindario. *Danny, Geraldine* y yo disponíamos cajas de fruta para que todos se sentaran, dejando una para usarla como altar de oración. A veces, *Danny* predicaba. Él o yo saltábamos y alabábamos a Dios predicando del amor de Dios y de Su juicio. Muchos de los niños se arrodillaban en el altar; algunos realmente lloraban y le pedían a Jesús que los salvara.

Cada verano nuestra familia salía de vacaciones. Nos amontonábamos en nuestro viejo auto y viajábamos a *Texas, Oklahoma* y *Arkansas* para visitar a la familia. Cuando veíamos una iglesia pentecostal en el camino, mi papá se detenía para hablar con el pastor, y antes de que nos diéramos cuenta, el pastor ya lo estaba invitando a quedarse y predicar. Mi padre siempre daba su poderoso testimonio de sanidad y la gente pasaba al altar por salvación y sanidad. Un "Y aconteció" sucedía en respuesta a la Palabra de Dios. ¡El avivamiento explotaba! Mi padre predicaba todo el camino a nuestro destino vacacional y todo el camino de vuelta a casa. ¡Cómo amaba mi padre ver a Dios moverse! Después de que él fuera salvo y lleno con el Espíritu Santo, dejó todo por el Señor. ¡Él corrió mucho más rápido tras el Señor de lo que corrió tras el diablo!

En aquellos primeros años, yo también comencé a tener sueños que acontecían. A los nueve años soñé que vendíamos nuestra casa, pero no compartí los detalles de este sueño con nadie. Un tiempo después, mis padres decidieron vender y nos mudamos.

A los dieciséis años el Señor me mostró mi primera visión. Yo estaba en medio de un ayuno, y esa noche me tocaba cuidar a unos niños, ser su niñera. Luego de que los niños se fueron a dormir, me arrodillé en uno de los otros dormitorios para orar y tuve una visión abierta del más hermoso manzanero que había visto. Las manzanas eran tan rojas y el árbol estaba tan lleno. Entonces, mientras miraba, las manzanas comenzaron a secarse, y vi la cara de mi padre en esas manzanas. Yo estaba sorprendida, pero el Señor me dijo: "Tú no sabes lo que significa ahora, pero un día te lo mostraré". Así lo acepté.

CUANDO SOMOS INFIELES

"Si fuéremos infieles, él permanece fiel; Él no puede negarse a sí mismo". (2 Timoteo 2:13)

No sé por qué, pero a medida que los niños *Underwood* crecíamos, tristemente empezábamos a alejarnos del Señor. No era nada que nuestros padres hicieran mal. Simplemente empezábamos a ceder a las grandes tentaciones que el diablo nos traía. Mi madre oraba todo el tiempo para que sus hijos caminaran con Dios al convertirnos en adultos. Durante esos años, aprendí la lección de la fidelidad de Dios hacia Sus hijos, incluso cuando no somos fieles con Él. Su amor por mí nunca me dejó, a pesar de que yo puse tantas cosas mundanas antes que Él. Estaré por siempre agradecida por el profundo amor de Dios hacia nosotros. Estos fueron los años en que realmente aprendí acerca del precio del pecado y de la infinita fidelidad de Dios.

Para cuando tuve dieciocho años, las tentaciones de la vida fuera de la iglesia se volvieron muy fuertes. Sé que el diablo realmente persigue a los hijos de los predicadores. No estoy diciendo que el diablo no persigue a otros niños, pero creo que hay demonios específicos que van tras los hijos de los ministros. El diablo quiere destruir los ministerios cristianos, así que ataca a los predicadores y a sus familias, matrimonios e hijos. Si un hijo de pastor cae, se vuelve una gran noticia, y puede llevar desgracia al ministro y al ministerio. El enemigo sabe esto. Como predicadora y como hija de un predicador, sé bien cómo trabaja el enemigo. Sé que mis hermanos y hermanas y yo pasamos muchas pruebas mientras veíamos a nuestros padres atravesar tiempos difíciles en el ministerio. En el mundo actual tenemos que orar por los ministros y sus familias más que nunca.

Incluso en la Biblia, cuando Moisés se preparaba para sacar al pueblo de Israel fuera de Egipto, el Faraón le dijo a Moisés: "Deja que los niños se queden y tú y el resto pueden ir al desierto y adorar al Señor". Pero

Moisés le respondió con convicción: "Nuestros hijos irán y adorarán a Dios con nosotros" (ver Éxodo 10:9). Al diablo no le importa si tú vas a adorar a Dios mientras él pueda quedarse con tus hijos.

UN SUEÑO DE ADVERTENCIA

Luego de la escuela secundaria, tuve un trabajo en una farmacia local. También trabajaba en la casa del farmacéutico, justo detrás del negocio, limpiando y cocinando para su familia. Una noche tuve un sueño vívido que supe que era del Señor. Los sueños que el Señor te da se quedan contigo de manera muy poderosa. Pues en mi sueño, el Señor me advertía acerca de un hombre de la localidad que iba a entrar en mi vida. La advertencia de Dios era que este hombre era malo y tendría una atracción devastadora en mí, tal que me llevaría a alejarme de Él. Dios me estaba advirtiendo que me mantuviera lejos de este hombre. "Y aconteció" que mientras trabajaba en la farmacia, un día este hombre entró al negocio; él había rentado el departamento que estaba justo arriba del negocio y comenzó a venir seguido.

Un día, tocó a la puerta del frente de la casa del farmacéutico. Cuando abrí la puerta, me sorprendió verlo parado allí. Se dirigió a mí con una mirada penetrante y me preguntó si quería salir con él. Apenas podía creer que un sí saliera de mi boca. Había algo en sus ojos que era casi hipnótico y, en mi debilidad de niña, dejé que me halagara el hecho de que él estuviera interesado en mí. A pesar de que el Señor me había advertido hacía tan solo un mes, me entristece decir que caminé en la dirección errada. Dejé de ir a la iglesia, dejé de orar y de leer la Biblia.

Este hombre se volvió mi mundo entero. Sentí compasión por él cuando me contó cómo había sido maltratado en la vida; hablaba de eso constantemente. Todos los días venía al negocio y esperaba que yo terminara de trabajar. Se hacía presente todo el tiempo en mi vida. Hoy, la gente reconoce este comportamiento como acoso, y reconocería su naturaleza controladora. Pero yo era joven y tonta y creí que era amor. El enemigo a menudo envía la persona incorrecta a tu vida en tu momento de mayor debilidad. Al pasar el tiempo, ya estaba alejada de Dios. Satanás sabe que Jesús no nos dejará, pero hace que nosotros dejemos a Jesús.

¡Oh, cómo sufrí haciendo caso al enemigo e ignorando la advertencia del Señor! Huí con este hombre y nos casamos. Fui tonta al pensar que podría llevarlo a Jesús. En cambio, él me llevó más y más lejos de Dios. Mis padres quedaron con el corazón roto por lo que había hecho. Mi madre sabía lo que estaba pasando porque Dios se lo había revelado, pero aun así yo rompí su corazón.

Poco después, mis padres, que ahora estaban dedicados al ministerio de tiempo completo, se mudaron a *San José* y plantaron una iglesia allí. Mi esposo y yo nos mudamos a *Auburn, California*. En este punto, ya estaba embarazada de mi primer hijo, *Robert Jamison*, a quien llamaríamos *Robbie*. Él era un bebé feliz y mi único gozo en esos años difíciles. *Robbie* fue una de las mayores bendiciones de mi vida. Yo extrañaba mucho a mis padres. Mi esposo no me dejaba recibir ningún correo de mi madre, así que no teníamos contacto alguno. ¡No me di cuenta hasta mucho más tarde que él tiraba mi correspondencia a la basura! Perdí tres embarazos antes de quedar embarazada nuevamente. Esperaba una niña, aunque no había manera alguna de predecir el género de un bebé en esos días.

¡ESTÁ VIVA!

El nacimiento de mi hija, *Paula*, fue traumático. Estuve en trabajo de parto por tres días. Cuando finalmente nació, los médicos no anunciaron si mi bebé era niño o niña. En cambio, la acostaron de lado y la cubrieron con una sábana. Antes de que la cubrieran vi que era una bebita, pero estaba azul y no respiraba. Supe que mi bebé estaba muerta. Entonces comencé a clamar al Señor, rogándole que perdonara mis pecados y salvara la vida de mi hija. ¡No me importó quién me oyera gritando! Recordé todos los milagros poderosos que había visto mientras crecía, y conocía a Aquel que era capaz de darle vida a mi bebita. "Y aconteció" que la sábana comenzó a moverse, ¡y mi hermosa bebita fue resucitada! Una enfermera exclamó: "¡Está viva!". ¡Toda la gloria sea para nuestro Dios por darnos a Jesucristo, quien verdaderamente es la resurrección y la vida!

Las enfermeras limpiaron a mi dulce bebé y me dejaron sostenerla. Aunque el trabajo de parto había sido largo y duro, ¡ella lo valía! Fue realmente una bendición, una hermosa bebé con un espíritu dulce.

Yo la llevaba al trabajo conmigo en su carrito cada vez que podía. Amaba a mis hijos con todo mi corazón. Ellos tuvieron que pasar por muchas cosas en su juventud. Le doy gracias al Señor por *Robbie* y *Paula*, son el gozo de mi vida.

Para este tiempo mi matrimonio se había terminado; mi esposo nos había dejado. Yo me había unido en yugo desigual (ver 2 Corintios 6:14) y había pagado caro por mi rebeldía contra Dios y contra la guía de mis padres. Pero debemos recordar siempre que el Señor permanece fiel, aun cuando nosotros no lo somos. Él todavía tenía Sus ojos en los gorriones (mis dos hijos y yo). Mi oración a Dios por la Iglesia de hoy es que todos los matrimonios sean sanados y que no haya divorcios. ¡Cómo batalla Satanás contra los matrimonios en la Iglesia! Mientras pueda, Él está ahí para destruirlos. Pero Jesús tiene el poder de sanar el más roto de los matrimonios si tan solo recurrimos a Él.

En 1970 el Señor trajo un maravilloso y amable hombre a mi vida llamado *James (Jimmy) Jackson*. Ninguno de los dos estaba sirviendo a Jesús en este tiempo, pero me atrajo su amabilidad y amor genuino por mis hijos. Él era el hombre correcto para mí. Nos casamos en agosto de aquel mismo año. Desde el principio, *Jimmy* fue un padre amoroso para mis hijos; él quería que lo recibieran como un verdadero padre, ¡y funcionó! Nos convertimos en una familia.

LA NIÑA DE LOS OJOS DE DIOS

Hacía mucho tiempo, *Jimmy* había sido diagnosticado con epilepsia, pero no había tenido ningún problema de salud. Sin embargo, poco después de casarnos, su salud se deterioró. En un corto periodo de tiempo, tuvo ¡veintisiete convulsiones de consideración! Una noche, las convulsiones tomaron su mente. ¡Era como un hombre salvaje! Lo llevamos de emergencia al hospital. *Jimmy* no era consciente de nada. No sabía quién era yo, ni quiénes eran nuestros hijos o dónde estaba. Se puso tan violento que lo sujetaron a la cama del hospital; ni siquiera podían mantenerlo vestido.

Tal necesidad situación me impulsó a preguntarle a Dios: "¿Qué voy a hacer?". Una vez me había enfriado con el Señor durante mi primer matrimonio, especialmente después de que mi padre muriera de repente, a los pocos meses después de que Paula naciera. Por cerca de dos décadas, mi padre había predicado el poderoso evangelio de Jesucristo a todo aquel que lo quisiera escuchar. Entonces, aunque su corazón todavía estaba sano, Dios lo llamó a su hogar. Yo era una madre de veintitrés años, abatida por un matrimonio arruinado y que ahora perdía al padre que amaba con todo su corazón. Recuerdo que llegué antes que todos a la casa funeraria; me quedé parada frente a su ataúd, llorando y preguntando: "Papá, ¿por qué me dejaste?". Incluso en ese momento devastador, mientras seguía enojada con Dios, Él me habló y me dijo: "¿Recuerdas la visión que te di hace seis años del manzanero marchito? Este es el significado de la visión. Yo te estaba preparando para el momento en que tu padre viniera a casa conmigo. Tú lo seguías dondequiera. Tu papá era la niña de tus ojos (en inglés, esta expresión es '*the apple of your eyes*', que literalmente se traduce 'la manzana de tus ojos')". Además, el Señor dijo: "Yo quiero ser la niña (manzana) de tus ojos por el resto de tu vida". Entonces comencé a llorar más fuerte, y oré: "Señor, ¡lo siento tanto!".

UNA ESPADA LLAMEANTE

Extrañaba mucho a mi papá, era inevitable y constante. Pensaba que no podría lograrlo sin él. Ahora, con mi esposo de veintiocho años en el hospital, con la mente perdida, necesitaba a mi papá más que nunca. Pero era tiempo de volver a mi Padre celestial. Los médicos pensaban que Jimmy tenía pocas esperanzas de recuperarse de las convulsiones. Ellos me dijeron: "No tiene opción, tiene que ingresar a su esposo". Me pidieron que firmara algunos papeles ahí mismo para que pudieran ingresarlo en una institución. Respondí: "Tengo que ir a casa y orar por esto". ¡Estaba tan triste! Todo lo que podía pensar era en mi padre terrenal. Lo necesitaba tanto… pero él ya no estaba. Sabía lo que él habría hecho si todavía estuviera vivo. Él hubiera creído la Palabra de Dios y hubiera echado fuera esos demonios que atormentaban a mi esposo. Él se hubiera parado en fe por la completa sanidad y liberación de *Jimmy*.

Decidida, fui a casa, tomé la guía telefónica y busqué en las Páginas Amarillas (las que contienen lo relacionado a servicios) y comencé a llamar a todas las iglesias listadas que creían en el poder de Pentecostés. Le pedí a cada pastor con el que hablé si estaría dispuesto a venir y orar por la liberación de mi esposo. Pero todos me dijeron que no. Aun cuando no me enojé con ellos; en cierto modo estoy agradecida por su reacción, porque sé que al pararme sola en fe aprendí el poder de nuestro Dios hacedor de milagros.

Perdoné a esos pastores y comencé a pedirle ayuda a Dios. "¿Qué debo hacer, Señor?". Y oí al Señor hablándome: "Esta clase solo sale con oración y ayuno, y quiero que confíes en mí" (ver Marcos 9:28-29). Continuó: "Quiero que ayunes por tres días y tres noches por tu esposo, porque va a ser una gran victoria para mi gloria". Por primera vez en años, busqué al Señor en oración y ayuno.

A las tres de la madrugada del tercer día de mi ayuno tuve una visión de Dios. Nunca la olvidaré. Un ángel del cielo, alto, parado frente a mí sosteniendo una espada flameante, me dijo: "Te ha sido dada la autoridad para usar el nombre de Jesús". Le respondí: "¿Por qué? Yo creí que todo aquel que conoce a Jesús tiene esa autoridad". Él dijo: "No. Si no tienes fe y no adoras a Jesús, no tienes autoridad". El ángel continuó: "Vas a testificar a esos médicos que tu esposo ha sido sanado y liberado, tal como el hombre que Jesús conoció en las tumbas. Su nombre no es un nombre para ser arrojado por allá y levantado ocasionalmente el domingo por la mañana y luego olvidado. El nombre de Jesús significa algo reverente y poderoso en el cielo".

¿Recuerdas lo que les sucedió a los hijos de Esceva en el libro de los Hechos? (Hechos 19:13-16). Ellos trataron de echar fuera demonios sin conocer al Señor Jesucristo. Si bien ellos usaron el nombre de Jesús, no tenían la autoridad sobre los espíritus malos porque no tenían relación con Jesucristo. Ellos invocaron "por Jesús, el que predica Pablo" (Hechos 19:13), y en lugar de echar fuera a esos espíritus malos, los hijos de Esceva fueron físicamente golpeados por aquellos espíritus. ¡Hay que estar en una relación con Jesucristo para usar la autoridad de Su nombre! ¡Jesús debe ser el Señor de tu vida!

¡UNA LIBERACIÓN PODEROSA!

No me había dado cuenta de que Dios me estaba preparando para caminar en una fe milagrosa que nunca había soñado posible. Si bien había visto muchos milagros en la vida de mi papá, no creía que el Señor pudiera usarme a mí. Pero recordé el poder del Espíritu Santo para hacer lo imposible en esta tierra; así que, cuando el ángel me dijo: "Aquí está la espada flameante, que es la Palabra del Dios todopoderoso; úsala en tu esposo", yo creí que Dios lo haría acontecer.

Ese tercer día de ayuno, volví al hospital. Los médicos tenían listos los papeles para la internación de *Jimmy*. Al dármelos, me dijeron: "Necesitamos que firme este consentimiento, *Sra. Jackson*. ¿Ha venido a ingresar a su esposo?". A lo que respondí: "Sí, lo voy a ingresar". Ellos respondieron: "Oh, bien. Usted incluso puede demandar el divorcio, ya que él nunca va a ser nada más que un vegetal, y usted y sus hijos merecen más que eso". Allí fue cuando dejé caer la bomba. Les dije: "Bueno, encontré un nuevo médico, y lo voy a ingresar con Él". Estupefactos, preguntaron: "¿Quién es ese doctor?". Mi respuesta fue: "¡Jesucristo de Nazaret!". Ahora, estaba frente a un par de hombres enojados que me informaron: "Vamos a ir por encima de usted y a obtener un poder notarial sobre este hombre. ¡Lo vamos a ingresar!". Les respondí: "¡Háganlo!

¡Mi médico es también mi abogado!". Mientras me seguían amenazando con obtener un poder notarial, me dijeron que tomara a mi esposo y saliera del hospital. Nos fuimos tan pronto como fue posible y llevé a *Jimmy* a casa y lo metí en la cama.

Mientras *Jimmy* estaba tranquilo en casa, clamé a Dios: "¡Ayúdame, Señor, en el nombre de Jesús!". Él me recordó aquella espada ardiente que el ángel me había dicho que era la Palabra de Dios y que podía usarla con la autoridad del nombre de Jesús. Tan pronto empecé a ordenarles en el nombre de Jesús a aquellos espíritus que salieran de *Jimmy*, siete espíritus de las tinieblas salieron al mismo tiempo. Eran criaturas feas y daban sus nombres mientras salían. Uno anunció: "¡Yo soy demencia!".

Después de que el último hubo salido, *Jimmy* se sentó en la cama. Lucía como alguien que recién volvía de la muerte. No sabía lo que le había sucedido ni dónde había estado. Solo me miró y dijo: "Tengo hambre". ¡*Jimmy* estaba totalmente libre y en su sano juicio! Nunca más volvió a tener otro ataque de epilepsia por el resto de su vida. "Y aconteció" tal como Dios me había dicho que sería.

Robbie, *Paula* y yo estábamos felices de tener a *Jimmy* de vuelta con nosotros. Poco después de su sanidad, lo llevé otra vez al hospital. Llena de alegría les dije a los doctores y enfermeras: "¡Miren! ¡Esto es lo que mi médico hizo! ¡Mi esposo está sano!". Los doctores seguían enojados, pero no importaba. ¡El cielo se regocijaba!

¡RENDIDA Y LLENA!

Después de ese evento milagroso, *Jimmy* y yo rendimos nuestras vidas por completo a Jesús. Leíamos la Palabra juntos y no podíamos parar. Un día, el Señor me dijo que teníamos que ir a la casa de mi hermano Charles, en *Reedley, California*, que estaba como a una hora y media de distancia. *Charles* había respondido al llamado de Dios para predicar la Palabra. El Señor me dijo que *Charles* y su pastor estarían allí y que yo recibiría el bautismo del Espíritu Santo y fuego.

Cuando llegué a la casa de *Charles*, su pastor acababa de llegar. Ellos ni siquiera sabían que yo estaba en camino. El primer tema del que *Charles* me comenzó a hablar fue del Espíritu Santo y Su poder. Sentí una gran emoción al explicarle cómo el Señor me había dicho que fuera a su casa para recibir el don del Espíritu Santo. Apenas impusieron sus manos sobre mí, el fuego del Espíritu Santo cayó y comencé a hablar en lenguas. "Y aconteció" exactamente como el Señor lo había dicho.

Cuando el Señor nos habla, tenemos que obedecerle. La fe verdadera siempre obedece al Señor y Su Palabra. Cuando volví a casa después de ser llena del Espíritu Santo, me sentía en fuego por Jesús. Mi esposo recién sanado y yo pasábamos día y noche en la Palabra de Dios. ¡Nunca nos saciábamos de leer la Biblia!

EL AMOR DE CRISTO

El amor de Dios nunca se rinde con nosotros. Él es siempre fiel para extendernos Su amor cuando estamos en necesidad. Nosotros necesitamos el amor de Dios en nuestro interior, controlándonos, para nunca rendirnos y estar firmes en nuestro Señor Jesucristo. En Apocalipsis, Jesús le dice a la iglesia en Éfeso: "Pero tengo algo contra ti porque has dejado tu primer amor" (Apocalipsis 2:4). Eso es lo que me pasó a mí hasta que Jesús me atrajo de vuelta a Él. Esto está sucediendo ahora, en nuestros días, más de lo que te imaginas. Tenemos que echarle un vistazo a nuestro amor para ver hacia dónde está dirigido.

El apóstol Pablo escribió acerca de su querido amigo Demas, diciendo que él lo había abandonado porque amaba a este mundo (ver 2 Timoteo 4:10). Recuerda: el enemigo sabe que Jesús no nos dejará, por eso trata de hacer que nosotros dejemos a Jesús. Debemos acercarnos más a Dios cada día. Su amor es muy grande. Yo deseo amar a Dios siempre. La fe opera por el amor de Dios. "Ahora, así dice Jehová, Creador tuyo, oh, Jacob, y Formador tuyo, oh, Israel: No temas, porque yo te redimí; te puse nombre, mío eres tú" (Isaías 43:1). Cuando no te sientas amado, recuerda que Dios te ama. Él se mantiene más cerca de ti que un hermano porque te ama. Cuando tú fallas, Él te ama. Cuando estás enfermo, Él te ama. No hay nunca un momento en que Dios no te ame. Hoy y todos los días, recibe el gran amor de Dios. ¡Él te ama!

TESTIMONIOS "Y ACONTECIÓ"

Tuve fe en el poder sanador de Dios porque estuvo muy vivo en mi hogar mientras yo crecía. Nosotros no tuvimos las enfermedades de niños que nuestros primos sí tuvieron, porque estábamos cubiertos por la oración de fe. Incluso dormíamos en la misma cama con ellos. A la mañana siguiente, ellos tenían gripe o sarampión y ¡nosotros estábamos bien! Una vez, como excepción, mi madre y *Geraldine* tuvieron fiebre del valle, una enfermedad micótica (provocada por unos hongos) que es común en el centro de *California*. Todavía hoy afecta a mucha gente, y puede durar semanas, incluso meses. Mamá y *Geraldine* empezaron con fiebre, sarpullido rojo y unos nudos grandes y dolorosos en las piernas; lo que afectó sus pulmones y las postró en cama con mucha debilidad.

Mi padre comenzó a ayunar y orar por ellas, y una noche hizo una reunión de oración a la vieja usanza. Tomó el aceite de la unción y ungió a mi madre y a mi hermana y comenzó a reprender a la enfermedad. "Y aconteció" que ambas fueron sanadas. A la mañana siguiente, las manchas, nudos y fiebre habían desaparecido por completo. Geraldine se levantó y volvió a la escuela ese mismo día, completamente sana por la oración de fe. Mis padres siempre tuvieron la fe para creerle a Dios por lo que declara en Su Palabra.

TODOS SABEMOS QUE LOS CRISTIANOS

NO PUEDEN VIVIR EN LA CIMA DE LA MONTAÑA

TODO EL TIEMPO. JESÚS NO LO HIZO,

LOS APÓSTOLES NO LO HICIERON,

Y NOSOTROS TAMPOCO LO HAREMOS.

TODOS TENEMOS VALLES PORQUE

ESTOS NOS HACEN MÁS FUERTES EN ÉL.

5

RESPONDIENDO AL LLAMADO DE DIOS

La gente siempre le preguntaba a mi padre: "¿Cómo accedo a mi llamado para el ministerio?". Y su respuesta siempre era la misma: "Primero, sé fiel donde estás; aprende a confiar en el Señor y vuélvete confiable para Él. Preséntate disponible. Haz morir tu voluntad para que la Suya pueda obrar a través de ti. No busques el poder de Dios, más bien busca Su gran voluntad. Es la voluntad del Padre que entres en compañerismo con Su Hijo Jesucristo. Entonces, verás que la voluntad del Padre es que ningún hombre se pierda. Primero, serás un adorador del Señor, y luego te convertirás en un ganador de almas". Esto es lo que mi papá tenía en sí mismo. Esto es lo que él me pasó a mí.

A medida que me acercaba más al Señor, un fuego comenzó a arder en mi corazón por trabajar para Él. Quería ser usada por el Señor para ver vidas cambiadas por Jesús. Pero ¿cómo? *Jimmy* y yo, ambos teníamos buenos trabajos en un sanatorio; yo era ayudante de enfermera y él era el jefe de mantenimiento. Yo estaba considerando entrar a la escuela de enfermería porque amaba cuidar a los pacientes. Pero Dios tenía algo más en mente, algo realmente grande. Él tenía un nuevo camino para mi vida; uno que había planeado desde mi nacimiento. "Antes que te formase en el vientre te conocí, y antes que nacieses te santifiqué, te di por profeta a las naciones" (Jeremías 1:5). Dios me estaba llamando a seguir Su voluntad sin cuestionarlo, así como mi padre me había enseñado. Nunca podría haber imaginado lo lejos que Su voluntad me llevaría; ministrando a decenas de miles de personas en los Estados Unidos y alrededor del mundo.

UNA VISITA SOBRENATURAL

Estaba leyendo la Biblia durante mi descanso en el sanatorio, cuando el Señor me habló y me dijo que era tiempo de dejar mi trabajo y entrar al ministerio a tiempo completo. Recordé el llamado que había sentido para mi vida cuando era una niña. Pero tenía miedo. Le preguntaba: "¿Qué pasará con nuestras cuentas, Señor? Necesitamos nuestros dos salarios para vivir". Además, amaba mi trabajo e iba a ser realmente duro dejarlo. Día tras día busqué a Jesús con todo mi corazón.

El Señor me remarcó que necesitaba entrar en un ayuno de cuarenta días, y lo hice. Al final de los cuarenta días, me senté con *Robbie* y *Paula* en la sala de mi casa y les dije: "No importa lo que oigan, no entren al dormitorio". Mientras oraba, el Señor apareció ante mí en una visión con un ángel a cada lado y un pequeño altar enfrente. Uno de los ángeles tomó un carbón del altar y tocó mi boca con él. Y Jesús dijo: "Quiero que seas una profetisa; serás un profetisa para las naciones. Yo te mostraré muchas cosas. Primero, te voy a enseñar; y luego, en tus días postreros, te pondré al frente". Yo lloraba y decía: "Señor, me siento tan indigna".

Cuando *Jimmy* volvió del trabajo, miró mi cara una sola vez y supo que había tenido una visitación de Jesús. "Amor, tu cara está brillando. Estuviste con el Señor, ¿cierto?". Aquello fue mi primera visitación sobrenatural de Jesús. Alabo al Dios todopoderoso porque no fue la última.

Obedecí la voluntad de Dios y di aviso en mi trabajo. Después de dejar mi trabajo en el sanatorio, el miedo trató de tomar el control, pero me mantuve en oración. Recordaba que todos los apóstoles habían dejado sus trabajos para seguir a Jesús y nunca les faltó nada. Cuando tú obedeces al Señor, el enemigo se enoja mucho y te bombardea constantemente con miedo y duda. Pero la Palabra de Dios dice en Isaías 26:3: "Tú guardarás en completa paz a aquel cuyo pensamiento en ti persevera; porque en ti ha confiado". Esta es una promesa de Dios donde, si tú mantienes tu mente en el Señor, Él te dará Su perfecta paz. Solo piensa: perfecta paz. Oro al Señor por esto, Su perfecta paz.

LAS PUERTAS DEL MINISTERIO SE ABREN

El Señor nos anima en Zacarías 4:10 a no menospreciar "el día de las pequeñeces" o de los pequeños comienzos en nuestra vida, porque Él los usa para edificar algo poderoso. La primera puerta que se abrió para mí fue en la casa de una viuda, en *Fresno, California*. Comencé un estudio bíblico en su hogar. Diecisiete jóvenes fueron salvos apenas iniciamos, y la mayoría de ellos recibió el bautismo del Espíritu Santo. El Señor se movía de manera poderosa. Llevé a esas diecisiete personas a la iglesia a la que asistía y fueron bautizadas en agua. Dios realmente tenía Su mano puesta sobre esta obra en *Fresno*.

Un día, mientras oraba, el Señor me dijo que iría a *Dallas, Texas*. "¿*Dallas*? ¿Por qué?". Él no respondió. En cuestión de días, una amiga me invitó a ir con ella a la *Women's Aglow Convention (Convención Resplandor de Mujeres)*. ¿Y dónde tendría lugar? ¡En *Dallas*! Ella ofreció pagar mi pasaje de ida en avión para llegar allí. Le dije a *Jimmy*: "Esto debe ser de Dios". Pero ¿cómo lo haría acontecer? Yo no tenía boleto de vuelta a casa, no tenía dinero, no tenía ropa linda para vestir, ¡ni siquiera tenía una maleta! En ese tiempo, Jimmy cortaba el pasto para unos vecinos ancianos y nunca les cobraba nada. Una mujer que vivía calles abajo insistió: "¡Tengo que darte algo! El Señor me dijo que te diera esto". ¡Era una maleta nueva! *Jimmy* la trajo a casa; nos emocionamos mucho. Luego, encontramos una linda ropa en liquidación. ¡Todo estaba aconteciendo! Iba a hacer un viaje confiando en que Dios iba a proveer un boleto para devolverme a casa.

En la convención en *Dallas* compartí la Palabra de Dios y el poder sobrenatural del Espíritu Santo con muchas mujeres. Fui invitada a hablar en una reunión de la misma convención en *Oklahoma* que sería la siguiente semana. Así que viajé a la ciudad de *Oklahoma* y me quedé con unas amistades allí. El Señor se movió de manera poderosa en aquella reunión. ¡Las mujeres estaban tan hambrientas de Dios! Algunas fueron sanadas de migraña y dolor de piernas al instante. Otras me escribieron semanas más tarde para decirme que habían sido sanadas de problemas del corazón y de cáncer. (Dicho sea de paso, mis pastores me enviaron un boleto para volver a casa). Después de eso, las puertas se abrieron de par en par para el ministerio. Fui invitada a predicar a las convenciones de mujeres en muchas otras ciudades, especialmente en California. ¡Su Palabra para mí estaba aconteciendo!

¡Gloria a nuestro Señor Jesucristo! Nunca tengas miedo de dar un paso de fe y obedecer al Señor. Jesús dio un salto de fe más grande que nadie más al obedecer al Padre e ir a la cruz con el compromiso de que Él lo levantaría de entre los muertos. Recuerda, sin fe es imposible agradar a Dios. He aprendido a través de los años de ministerio y las pruebas a confiar en el Señor con todo mi ser.

MI HERENCIA NATIVO-AMERICANA

Hace un par de años atrás nos mudamos a *Modesto, California*, y Dios comenzó a moverme en una nueva dirección: a ministrarles a los nativos americanos en las reservas del Oeste. Mi abuela por parte de madre era mitad cheroqui, y mi bisabuela era de pura sangre cheroqui. Apenas los conocí y sentí un tierno amor en mi alma por los nativos americanos.

El Señor me dijo que un gran avivamiento estaba a punto de desatarse entre las iglesias de los nativos americanos. Una noche en oración, Él me grabó la palabra *Greenville* y me dijo que la escribiera: "No olvides este nombre porque pronto conocerás este lugar". Yo estaba predicando en una iglesia en *Gridley, California*, donde varios de los nativos americanos en la congregación me preguntaron si estaría dispuesta a ir a predicar a la reunión anual del campamento. Adivina dónde tomaría lugar ese evento. ¡En *Greenville, California*! Yo ni siquiera sabía que existía un *Greenville, California*. ¿No es emocionante cuando recibes una palabra de confirmación de Dios, cuando sabes que estás en el centro de Su voluntad?

La hermosa *Greenville* fue el sitio de mi primera reunión bajo carpa en mi ministerio, y las memorias que este evento trajo de mi niñez agitaron mi corazón. La carpa era lo suficientemente grande para albergar a los nativos que habían viajado desde *California, Nevada, Nuevo México, Arizona y Montana*. Estaba llena por completo y la gente era maravillosa; amaba al Señor. Fue una reunión tan poderosa, con tanta gente siendo salvada y sanada. ¡El Señor se movió con poder!

Los líderes de las iglesias me invitaron a unirme a su organización de Nativos del Evangelio Completo. Luego de unirme, un mundo nuevo de ministerio a las tribus nativas se abrió para mí. Desde la primera reunión hubo un profundo vínculo de amor entre nosotros; teníamos tanto en común. Nuestro amor por Jesús era simple y fuerte. La gente no tenía mucho dinero ¡y yo tampoco! Todos sabíamos que necesitábamos a Jesús y al Espíritu Santo para hacer una diferencia en nuestra vida y por toda la eternidad. Hacíamos reuniones de avivamiento y adorábamos a Dios juntos. Le creíamos a Él por todos los milagros, pequeños y grandes, que quisiera realizar en respuesta a nuestra fe y a nuestras oraciones. ¡Celebrábamos todos los momentos "Y aconteció"!

Uno de los pastores nativo-americanos, el hermano *Joe Lent*, se volvió un amigo cercano para *Jimmy* y para mí. Las reuniones de campamento y avivamiento con el hermano *Joe* ¡eran tan poderosas! Teníamos avivamiento cada semana en las reservas, y había muchos milagros. La gente era salva y libre de adicciones a las drogas y al alcohol. Los jóvenes eran liberados de depresión; los ancianos eran libres de diabetes; muchos eran sanados de cáncer. Todavía recibo cartas hablándome del poder vivo de Dios moviéndose en sus vidas.

ORACIÓN POR MILAGROS

Había muchas parejas jóvenes en las reservas que venían a pedir oración por liberación de infertilidad. En una reunión Dios me hizo llamar adelante a las parejas jóvenes que estaban teniendo problemas para concebir. Profeticé sobre ellas "y aconteció" que cada pareja quedó embarazada.

En otro avivamiento, una joven pareja trajo a su pequeña niña para que oráramos por ella. Tenía unos tres años, pero no podía caminar porque sus pies eran deformes. La tenían agendada para una cirugía en el *Centro Médico UC Davis*, en *Sacramento*. Los doctores iban a tener que romper cada hueso de sus pequeños pies y reubicarlos para que crecieran derechos. Sus padres querían oración para que Dios sanara a su pequeña y le evitara la cirugía. Entonces, tomé sus piecitos en mis manos y proclamé: "En el nombre de Jesús, yo ordeno que estos huesos sean recreados y que esta nenita no pase por esa cirugía". Dios se movió aquel mismo día y la niña comenzó a caminar. No tardó mucho en estar saltando y corriendo con los otros niños sin llegar nunca a necesitar aquella operación. ¡Tantas salvaciones ocurrieron después de estos milagros, porque la gente veía que Dios la amaba y tenía cuidado de las cosas que eran importantes para ella! ¡Servimos a un Dios de poder y amor!

UNA PALABRA PROFÉTICA

El hermano *Joe Lent* y yo ministrábamos en una reunión de campamento en la Reserva del Río Tule, cerca de *Porterville*, *California*, y el Señor se movía poderosamente. Los pastores allí eran grandes hombres y mujeres de Dios. Un pastor me dijo: "Tengo una palabra del Señor para ti: hermana *Glenda*, vas a predicar el mensaje del evangelio a las naciones del mundo". ¡Las naciones del mundo! En ese tiempo, simplemente no podía ver cómo esto podría ser posible. Además, estaba tan feliz trabajando con los americanos nativos. Los amaba y creía que siempre estaría ministrándolos a ellos.

Más tarde, aquel mismo día, el hermano *Lent* y yo estábamos almorzando con un grupo de gente cuando él me dijo: "Hermana *Jackson*, por favor, nunca te olvides de mis hijos. Quiero que ellos conozcan el grandioso poder del Espíritu Santo, y si puedes, deja que trabajen contigo". Me sorprendió su seriedad al decir esto y le aseguré que haría mi mejor esfuerzo para honrar su pedido. *Joe* tenía tres hijos: *Alvin*, *Paul* y *Christian*, y cada uno de ellos tenía una relación con Jesús.

De manera recurrente, el Señor traía a mi corazón el conocimiento de que el hermano *Joe* no estaría mucho tiempo más con nosotros. Incluso lo mencioné en oración con nuestra amiga, la pastora *Barbara Gibbs* y su esposo, *Dean*. Juntos, oramos por la protección de Dios y Su voluntad sobre la vida de *Joe Lent*.

CITAS DIVINAS

Un día, pasada la medianoche, volvía a casa después de un avivamiento y el teléfono estaba sonando. Era Mary, la esposa de *Joe Lent*, que me llamaba para decirme que Joe se había ido a casa con el Señor. Yo lloraba mientras le daba la noticia a *Jimmy*. Pero el Espíritu Santo me consoló y me recordó que el hermano *Joe* había trabajado muy duro para el reino de Dios y que ahora era tiempo de que entrara en su descanso con el Señor Jesús. *Joe Lent* había sido fiel al responder al llamado del Señor sobre su vida. Hermanos y hermanas en Cristo, los campos están listos. No se nieguen a responder a Su llamado. ¡Ayúdanos, Señor, ¡a ocuparnos de los negocios de nuestro Padre celestial!

Algunas personas están en nuestra vida solo por una temporada; otras relaciones son citas divinas que duran una vida entera. Muchos de mis amigos nativo-americanos son citas divinas en mi vida. *Joe Lent* fue uno de ellos, un ministro divino y amigo para mí y para *Jimmy*. *Mary Lent* y *Denise Bakich* son amigas queridas y poderosas guerreras en oración a mi lado; los pastores *Washoe* y *Roberta*; los pastores *Brenda* y *Dean Gibbs*; los pastores *Willard* y *Barbara Bennett*, todos grandes hermanos y amigos; en realidad, con todos mis hermanos y hermanas en

Cristo en las reservas de nativo-americanos el compañerismo ha sido enriquecedor y profundo. Le doy gracias a Dios por cada una de estas grandes bendiciones en mi vida.

UN LEGADO DE PADRE A HIJO

Una noche estaba yo predicando en una de las reservas donde el hermano *Andy* era pastor. Después de que el servicio había comenzado, un joven entró y se sentó en la última fila. El Señor me dio una palabra para él. Así que caminé hacia el asiento del joven, sin reconocerlo como *Christian Lent*, el hijo de *Joe Lent*. Solo lo había visto una o dos veces antes de aquella noche. Le dije: "El Señor solo quiere que te diga que Él te ama". No entendí por qué el Señor no tenía un mensaje más largo para él.

Entre lágrimas, *Christian* se puso de pie ante la congregación y testificó que mientras conducía su auto hacia la reunión, se sentía muy triste porque su padre había fallecido. El Señor le habló a *Christian* y le preguntó: "¿Qué quisieras que haga por ti?". *Christian* contestó: "Solo quiero que me digas que me amas". Ahora, algunos se preguntarán por qué el Señor no le respondió enseguida y le dijo que lo amaba. Yo creo que la razón es que Dios sabía que si sucedía de la manera como sucedió, edificaría con mayor efectividad la fe de *Christian*. Dios amaba a *Christian* lo suficiente como para darle el mensaje a través de mí, alguien que no sabía nada de su pedido. "Y aconteció" para él en el servicio de la iglesia, y lo bendijo grandemente. La gente necesita experimentar momentos "Y aconteció" que edifiquen una fe fuerte en el Señor. ¿Cuándo fue la última vez que tuviste un momento "Y aconteció"?

Después de eso, *Christian Lent* comenzó a llevarme en auto a muchos de mis avivamientos y de vuelta a casa. Un viernes por la noche, el Espíritu Santo se movía poderosamente en sanidades. Yo estaba predicando cuando una mujer, que no había visto antes, entró y se sentó con su hijo. El niño tenía una mirada inexpresiva. El Espíritu de Dios me guió hacia él. Y cuando llegué a su asiento lo tomé de la mano y lo hice poner de pie. El hermano Christian se paró detrás de él para ayudarme a orar. Y le dije a su madre: "Esta es la última esperanza para tu hijo, ¿cierto? ¿Si Dios no interviene, tendrás que ingresar a tu hijo en un hospital mental?". La madre respondió que sí con lágrimas en sus ojos. El muchacho solo me miraba, sin emoción alguna. Así que reprendí al diablo en el poderoso nombre de Jesucristo y el muchacho cayó en el Espíritu. Un gran gozo inundó su rostro, y el espíritu de paz cayó sobre él. Su madre se agarró a mi brazo y clamó: "¿Esto va a durar en él?". Le contesté que esta liberación espiritual no era obra de hombre sino del Señor Cristo Jesús y lo que el Señor hace, permanece. La liberación permaneció en su vida. Fue un momento "Y aconteció" milagroso.

Christian Lent ayudó al muchacho a ponerse de pie, y luego ambos se abrazaron. "Y aconteció" que yo también estaba cumpliendo mi promesa a *Joe Lent* con uno de sus hijos: que le mostraría las obras de nuestro Dios todopoderoso.

Durante aquel avivamiento hubo gente sanada de cáncer; los oídos de una mujer sorda fueron abiertos; y otra mujer que tenía un ojo ciego pudo ver otra vez. El avivamiento se desató en las iglesias cercanas porque el Espíritu Santo se paseaba sobre aquellos que creían.

Le doy gracias a Dios porque Él todavía se mueve con poder milagroso entre Su pueblo, de generación en generación. Hebreos 13:8 nos asegura: "Jesucristo es el mismo ayer, y hoy, y por los siglos". ¡La Palabra de Dios nunca falla! ¡Siempre acontece! ¡Y siempre lo hará! Solo tenemos que servir a nuestro Señor con fe para creer. En el evangelio de Juan la multitud le preguntó a Jesús: "¿Qué debemos hacer para poner en práctica las obras de Dios?" (Juan 6:28). Jesús respondió: "Esta es la obra de Dios, que creáis en el que él ha enviado" (Juan 6:29). Solo se trata de creer. Hacer las obras de Dios debería ser fácil, pero nosotros lo volvemos tan difícil. Es más fácil creerle a Dios que conseguir ayuda real del hombre. Solo toma creer lo que la Palabra de Dios declara. ¡Es tiempo de conocer a Dios y obedecerle!

LAS MONTAÑAS Y LOS VALLES

Todos sabemos que los cristianos no pueden vivir en la cima de la montaña todo el tiempo. Jesús no lo hizo, los apóstoles tampoco, y nosotros no lo lograremos. Todos tenemos valles porque estos nos hacen más fuertes en Él.

Mientras predicaba en las reservas y veía la poderosa mano de Dios obrar, el Señor se movía en grandes victorias en medio de tiempos de grandes luchas en mi propia familia. Nosotros no siempre nos damos cuenta de que nuestro crecimiento espiritual viene a causa de vencer en esas luchas. He aprendido que el Señor no permite que las pruebas vengan para "derrotarnos", sino para fortalecernos en nuestro camino de fe con Él. El apóstol Pablo aprendió esto a través de sus pruebas; a pesar de sus sufrimientos, él pudo decir: "He aprendido a contentarme, cualquiera que sea mi situación" (Filipenses 4:11).

Nosotros aprendemos la obediencia a Dios el Padre y a Su Palabra de la misma manera, a través de las situaciones que sufrimos, de los tiempos difíciles. David nos recuerda en los Salmos: "Muchas son las aflicciones del justo, pero de todas ellas le librará Jehová" (Salmos 34:19). Dios siempre nos da una manera de vencer el dolor y los problemas de este mundo. "Porque todo lo que es nacido de Dios vence al mundo; y esta es la victoria que ha vencido al mundo, nuestra fe" (1 Juan 5:4). Nuestra fe siempre causará un momento "Y aconteció" en nuestra vida. ¡Necesitamos recordar eso!

UN LEÓN MERODEANDO

Nuestra familia soportó varias temporadas difíciles. Hubo un año, durante en el día de Acción de Gracias, que *Jimmy* tuvo un ataque al corazón y pasó varios días en la unidad de cuidados intensivos. El día después de Acción de Gracias, mi hijo *Robbie* tuvo una caída muy peligrosa en su trabajo. Como yo estaba en el hospital con Jimmy, no me di cuenta de cuán grave estaba realmente *Robbie*. Él pasó un par de días en cama, pero seguía empeorando. Cuando lo llevé a la sala de emergencia, descubrieron que se le había colapsado un pulmón, entre otras lesiones. De inmediato lo llevaron en ambulancia a un hospital más grande y lo ingresaron en su unidad de cuidados intensivos. Ahora, *Robbie* estaba peleando por su vida.

Mientras clamaba a Dios para que sanara tanto a Jimmy como a *Robbie*, mi madre enfermó. Ella y mi padrastro tenían un "hogar de visitas" donde los adultos con dificultades mentales podían vivir solos y recibir la ayuda que necesitaban para sus tareas diarias. Mi madre había pensado que sería imposible para ellos costear tales instalaciones, pero el Señor le dio una palabra clara de que Él proveería. Cuando una casa grande salió a la venta en el mercado, perfecta para este uso, Dios dijo: "¡Es de ellos!". A pesar de que había muy buenas ofertas sobre la propiedad, el dueño aceptó la oferta de mi madre y ella y mi padrastro se mudaron poco después.

"Y aconteció".

El hogar de visitas de mi madre estaba lleno de servicio al Señor. Teníamos estudios bíblicos semanales y servicios de iglesia para los residentes. Mi madre derramaba el amor de Cristo sobre ellos haciendo tareas de lavado, cocina y limpieza; pero cuando enfermó, me vi con las manos llenas ayudándola a ella con el hogar mientras cuidaba de la recuperación de mi esposo e hijo. Había, además, perdido a mi hermana mayor, *Joanne*, en un trágico accidente de auto tan solo unos meses antes de que *Jimmy* se enfermara. Era un tiempo dolorosamente difícil.

Pasaba horas de rodillas en oración ante el Dios de toda gloria, confiando en Él para tener fuerzas y provisión. Nunca me rendí en la fe en el Dios de todo consuelo, quien es también el Gran Médico, y Él nunca nos defraudó. *Jimmy*, *Robbie* y mi mamá recuperaron su salud aquel año.

¡REGOCIJO EN LA NUEVA VIDA!

También hubo victorias especiales en nuestra familia durante aquel tiempo. El Señor me dio un vívido sueño donde veía que mi hija, *Paula*, y su esposo, *Steve*, serían bendecidos con una bebita saludable. Su primer bebé, un precioso niño, había nacido antes de tiempo con los pulmones sin desarrollar y había muerto al nacer. Todos quedamos devastados; y creía que Dios me había dado ese sueño de la bebita para renovar nuestra esperanza. "Y aconteció". Poco más de un año después, Paula dio a luz a una hermosa niña a quien llamaron *Alyson Marie Vargas*. Mis amigos nativo-americanos la amaban tanto que la apodaron "*Pocahontas*". Desde entonces, *Jimmy*, nuestros amigos y yo la llamamos "*Pokie*". Ella es un regalo tan especial de Dios para mí. Yo la ponía en su carrito de bebé y me la llevaba a predicar la Palabra de Dios. Ella amaba viajar conmigo a los avivamientos en las reservas. ¡La gente la amaba! En los próximos años, *Paula* y *Steve* tuvieron dos varones a quienes apodé "*Bubba*" y "*Boomer*". Nuestra familia estaba saludable y bendecida.

La Biblia nos dice que Satanás merodea como león rugiente buscando a quién devorar (ver 1 Pedro 5:8). Él es como un león, pero no es "El León". Jesucristo el justo es el Gran León, el eterno León de Judá. Cuando pasamos por tribulaciones en nuestra vida, Jesús es quien nos trae la victoria. Satanás puede merodear a nuestro alrededor; pero Jesús es nuestro vencedor. "Estas cosas os he hablado para que en mí tengáis paz. En el mundo tendréis aflicción; pero confiad, yo he vencido al mundo" (Juan 16:33).

TESTIMONIOS "Y ACONTECIÓ"

El Señor comenzó a darme más palabras proféticas y de ciencia de las que había recibido antes en mi ministerio. Una noche, estaba predicando en una iglesia y el Señor me dio una palabra en medio de mi mensaje. El presidente *Ronald Reagan* iba a ser baleado pronto, pero no moriría. Hice que todos en la congregación se pusieran de pie y comenzamos a clamar por la protección del Señor sobre el presidente. Esa misma semana, el presidente *Reagan* fue baleado, pero por la gracia de Dios ¡no murió! "Y aconteció" tal como el Señor me lo había mostrado.

Un par de años más tarde, Dios me dio una palabra profética que compartí con la congregación: el Muro de Berlín caería bajo el liderazgo de *Ronald Reagan*. Al siguiente año, ¡vimos esa palabra acontecer!

A veces estamos agradecidos por esos momentos "Y aconteció", aun cuando son difíciles de sobrellevar. Mi hermano menor, *Danny*, había asistido a cada una de las reuniones de mi padre en las carpas y siempre había amado la Palabra de Dios, pero cuando creció, se alejó del Señor, como yo lo hice. Cuando era joven, visitaba nuestra casa, y *Jimmy* y yo le hablábamos de Jesús y orábamos firmemente por su salvación.

Dios respondió nuestras oraciones, y *Danny* volvió a dedicar su vida al Señor. Sin embargo, poco a poco fue llevado de vuelta al mundo por sus amigos mundanos. Mi corazón estaba roto por mi hermanito, pero nunca dejé de orar por él. Unos años después de que *Danny* se alejara nuevamente del Señor, recibí una terrible llamada telefónica: *Danny* había sido diagnosticado con leucemia y los médicos no le daban muchas esperanzas. Toda mi familia se hizo pruebas para ver si éramos compatibles para donarle médula ósea, y yo resulté ser compatible. Pasé horas en el hospital con mi hermano mientras los médicos hacían el trasplante de médula ósea. Le hablé de Jesús y le compartí historias de la obra del ministerio en las reservas. Su dulce esposa y yo nos turnábamos para pasar el mayor tiempo que podíamos en el hospital.

Cuando Danny empeoró, se volvió a mí y dijo: "Solo quiero irme a casa". Le pregunté si se refería a que quería dejar el hospital para ir su casa. Él dijo: "No, estoy listo para ir al cielo a estar con Jesús". Danny había vuelto al Señor. A mi madre y a mí nos partía el corazón saber que dejaba este mundo a la temprana edad de treinta y cuatro años. Pero nos regocijamos porque iba a su hogar celestial y lo volveríamos a ver. La salvación de Danny había acontecido antes de que fuera demasiado tarde. Yo sé que pasaremos la eternidad juntos con Jesús.

AUN SI LOS TIEMPOS SON DIFÍCILES AHORA PARA TI,

DIOS TE HA ESCOGIDO PARA SU PROPÓSITO.

ÉL NOS SEPARA PARA SU OBRA Y SU GLORIA.

DIOS NOS GUARDA EN TODOS NUESTROS CAMINOS

PARA LLEVARNOS A SUS CAMINOS.

6

ME LLAMARON "ACCIÓN JACKSON"

Cuando ministraba en las reservas de nativo-americanos, ellos me llamaban "Acción Jackson". ¿Sabes por qué? Porque cuando hablaba las palabras que Dios me daba, pasaban cosas. ¡Teníamos un momento "Y aconteció" cada semana! Algunas semanas teníamos milagros a diario.

Durante una de las reuniones en la reserva, *Jimmy* y yo conocimos a un hombre mayor llamado *Jack*, quien se convirtió en un amigo cercano. El hermano *Jack* era un gran seguidor de A. A. Allen, el famoso evangelista sanador, y creía en el poder del Espíritu Santo en la oración. Desde que nuestros hijos habían crecido y dejado la casa, *Jimmy* había empezado a ir conmigo a todas las reuniones de campamento y avivamiento.

Una noche, *Jack* vino a una reunión de avivamiento y se sentó en la fila de atrás. Mientras yo predicaba, el Espíritu Santo me dio una palabra profética: "Alguien aquí tiene un pariente llamado *Michael* que está internado en un hospital psiquiátrico. Si pasas aquí adelante, voy a orar por ti y el Señor lo va a sanar y liberar. Jesús va a sanar la mente de Michael y será dado de alta del hospital. Será un testimonio para su madre que no es salva". *Jack* pasó adelante y, llorando, me dijo: "*Michael* es mi sobrino. Él está en un hospital psiquiátrico y mi hermana ya no sabe qué hacer". Así que impuse las manos sobre la cabeza de *Jack* y reprendí al diablo para que saliera de la mente de su sobrino, en el nombre de Jesús.

Dos semanas más tarde, "aconteció". El hermano *Jack* anunció que su sobrino *Michael* ¡estaba sano y fuera del hospital psiquiátrico! Nunca podemos darle suficiente alabanza a Dios por Su fidelidad. El poder de Dios hacia aquellos que creemos es maravilloso, tanto como Su gracia.

¡EL CÁNCER DEBE IRSE!

Llevaba un par de años pastoreando una iglesia de nativo-americanos en *Oroville, California*, cuando conocí a mis queridos amigos *Willard* y *Barbara Bennett*. Ellos pastoreaban una iglesia juntos en la Reserva *Hung-a-lel-ti*, cerca de *Woodfords, California*. Primero, los conocí en 2005 cuando me invitaron a predicar a su campamento anual del Espíritu Santo a orillas del río, cerca de la reserva. Rápidamente nos hicimos amigos. Pasar tiempo con los *Bennetts* era una de nuestras actividades favoritas para Jimmy y para mí.

En una de las reuniones del campamento, una mujer llamada *Lucille* pasó adelante, había sido diagnosticada con un cáncer en grado cuatro. Los médicos le habían dicho que no había esperanza. Ella vino a la reunión buscando una respuesta del Señor, pero sin decirnos nada a nosotros. Caminé hacia *Lucille* y Dios me mostró que tenía cáncer. Me dijo que profetisara sobre ella. Le dije: "El Señor dice que vivirás, y no morirás. Vuelve y muéstrales a los doctores. Diles que estás sana". No tengo miedo de que los médicos chequeen los milagros de sanidad que vemos. Eso los valida y aumenta la fe de la gente.

Lucille volvió a su doctor en el *Centro Médico UC Davis*, en *Sacramento, California*. El médico entró, y cuando ella le dio su testimonio de sanidad, él dijo: "No me importa qué mujer te dijo que estás sana. Tú tienes cáncer en grado cuatro". Ella le pidió: "¿Puede hacerme las pruebas otra vez para estar segura?". El doctor respondió: "Estoy tan seguro de que tienes este cáncer en grado cuatro que te voy a volver a revisar, y si no hay cáncer, ¡yo pagaré tu cuenta médica!".

Al final de la semana, ella volvió a la oficina del doctor por los resultados. El médico entró, le dio a *Lucille* un papel y le anunció: "¡Tu cuenta está pagada!". ¡El cáncer nunca más volvió! *Barbara Bennet* y yo pasamos tiempo con *Lucille* después de eso, regocijándonos en su sanidad completa. ¡Alabado sea Dios! Él es el sanador de todas nuestras dolencias. Tenemos que ser valientes como Elías. Debemos tener esa fe de *bulldog*.

Una joven llamada *Belina* vino a mí por oración en medio de una situación muy dolorosa. Ella había concebido a su primer hijo; pero el bebé había estaba atrapado en una esquina de su trompa de Falopio y ella tenía una rara condición: un embarazo ectópico cornual. El bebé no podría sobrevivir. *Belina* había ido a varios médicos y todos le decían lo mismo: el bebé no estaba pasando naturalmente por su cuerpo, así que tendrían que hacerle una cirugía y, tal vez, una histerectomía parcial. Había una gran posibilidad de que nunca más pudiera tener otro hijo.

Oré por *Belina*, también lo hizo el círculo de oración de nuestra iglesia. El Señor me dio una palabra profética para ella: "Todo saldrá bien. Nada malo va a pasar. Vas a tener otros bebés". Al día siguiente, *Belina* fue a otro especialista en fertilidad. Este médico se enojó mucho con ella por haber esperado tanto tiempo para tener la cirugía y la regañó: "¡Tu vida está en peligro! Debes someterte a esta cirugía de inmediato, aun si causa infertilidad". La cirugía fue agendada para el día siguiente.

Belina siguió orando con fuerza: "Dios, necesito un milagro". Entonces, en medio de la noche, el pequeñísimo bebé pasó naturalmente por su cuerpo. No hubo necesidad de una cirugía radical. Hoy, *Belina* y su esposo tienen tres inquietos varoncitos, y ella es un testimonio de la fidelidad de Dios.

"Y aconteció".

EL VALLE DE ¡OH, NO!

Un año más tarde, en 2006, *Willard* y *Barbara* me invitaron a predicar a su campamento de fin de semana otra vez. Era el primer fin de semana de agosto. *Jimmy* estaba ansioso de abrir el servicio del viernes por la noche y contar la historia de cómo Jesús lo había salvado y liberado milagrosamente de cuarenta años de epilepsia. Cada vez que *Jimmy* compartía la poderosa obra que Dios había hecho en su vida, adultos y niños pasaban al frente para ser liberados de epilepsia, ¡y Dios respondía sus oraciones! ¡Alabado Jesús! Él usará todas las cosas para bien (ver Romanos 8:28).

Aquel sábado, antes de la reunión de la noche, *Barbara* cocinó para nosotros una comida nativo-americana deliciosa de carne de ciervo y frijoles. *Jimmy* y yo disfrutamos de la comida y el compañerismo. Mientras nos preparábamos para ir a la reunión, *Jimmy* decidió que estaba muy cansado y quería quedarse en casa de los *Bennett* a descansar. Y recuerdo que un pensamiento cruzó por mi mente como un *flash* mientras cargaba los bolsos en la camioneta: "*Jimmy* no volverá contigo". Oré al Espíritu Santo por discernimiento y me alisté para una noche de ministración.

El domingo a la mañana, *Jimmy* todavía no se sentía bien y volvió a quedarse en la casa. Compartí un mensaje titulado "El valle de ¡Oh, no!" y sobre cómo enfrentamos y superamos las dificultades por medio del poder del Espíritu Santo que habita en nosotros. El Señor me dio una palabra para compartir con la congregación: "Este día alguien va a decir: ¡Oh, no!', Dios quiere que sepas que Él está contigo y permanecerá junto a ti en lo que sea que enfrentes".

Antes de la reunión del domingo por la noche, yo estaba orando por la ministración cuando tuve una visión de *Jimmy* caminando hacia mí sobre un sendero de madera. Él ya no caminaba con la cojera que le había quedado de la lesión que tuvo jugando al fútbol americano en la escuela años atrás. Jimmy solía usar un tacón de aumento en una de sus botas para guardar el equilibrio. En mi visión, él saludaba con la mano y luego se daba vuelta y comenzaba a correr con libertad y de forma fácil. Llevé esta visión al Señor y oré otra vez por el discernimiento del Espíritu Santo.

Más tarde, aquella noche, mientras predicaba el mensaje, tuve una visión clara. Vi a dos ángeles en la casa de Barbara, que estaba a unos pocos kilómetros de distancia. Habían venido por mi esposo. En la visión, *Jimmy* trataba de ponerse el zapato, pero los ángeles le decían: "Vamos, Jimmy, es hora de irnos". Cuando entré al auto para volver a la casa, le dije a *Barbara* y a nuestra amiga *Denise* lo que había visto. "*Jimmy* no está aquí. Acabo de ver dos ángeles llevárselo a casa". Las mujeres quedaron conmocionadas por mis palabras.

Entramos a la casa y encontramos a *Jimmy* tendido en la silla reclinable, justo donde lo habíamos dejado; su zapato malo estaba en el piso, tal como lo había visto en mi visión. Estaba muy rígido. Caminé despacio hacia él. Lo que había sentido en mi espíritu todo el día había acontecido. *Jimmy* se había ido con su Señor y Salvador, Jesucristo.

Mi espíritu se volvió muy quieto. Sabía que el Señor estaba con él, pero no tenía palabras para decirle a la gente a mi alrededor. El pastor *Willard* corrió a la casa, y él y *Barbara* se ocuparon de todos los detalles necesarios, mientras yo permanecía sentada con el corazón y el alma quietos delante de Jesús. Era a mí a quien Dios le había estado hablando aquel día, la que iba a tener un momento "Oh, no". Era yo la que necesitaba la reconfirmación de Dios de que Él estaría conmigo, ahora que enfrentaba el mayor desafío de mi vida. La paz del Espíritu Santo, el Consolador, me rodeaba. Extrañaría a mi dulce Jimmy con todo mi corazón, pero sabía que Jesús estaba conmigo. Él nunca me dejaría ni me olvidaría.

En los siguientes meses seguí ministrando entre mis preciosos amigos nativo-americanos. El consuelo de Dios y la presencia aumentada de Su Santo Espíritu durante la ministración ayudaban a sanar mi corazón. Estaba tan agradecida por la entereza de espíritu de *Barbara* y su amor por Jesús. Ella se convertiría en una de las personas más importantes en mi vida en los años por venir.

Unos años más tarde, el 27 de diciembre, fecha del cumpleaños de *Jimmy*, compartí un mensaje especial con varios de mis amigos. "Hoy hubiera sido el cumpleaños de mi dulce esposo, *Jimmy*. Él se fue a su hogar para estar con el Señor en 2006. Le doy gracias al Señor por haberme dado un esposo divino que amaba tanto a Jesús. El primer pensamiento de *Jimmy* siempre era ayudar a otros, sin importar quiénes fueran. Dios fue muy bueno con nosotros y nos bendijo con un matrimonio feliz. Si pudiera enviarle una tarjeta de cumpleaños hoy, diría: 'Te extraño mi querido amigo y amor. Extraño nuestra amistad y las charlas que teníamos cada día y noche. Gracias por toda tu ayuda y amor. Sé que estás viviendo en la presencia de nuestro gran Señor Jesucristo, y que un día te volveré a ver. ¡Feliz cumpleaños, mi amor!'".

ESCOGIDA PARA UN PROPÓSITO

Recuerda, si los tiempos son difíciles para ti ahora, Dios te ha escogido para Su propósito. Él dirige nuestros pasos hacia Su propósito. Él nos aparta para Su obra y Su gloria. Dios nos guarda en todos nuestros caminos para llevarnos a Sus caminos. Es por Su Espíritu que Él nos cambia a la imagen de Su Hijo. La obra de Jesucristo en la cruz trajo todo esto. A través de la vida, muerte y resurrección de Jesucristo recibimos poder para convertirnos en hijos de Dios (ver Juan 1:12). Mantén tu fe dirigida hacia Jesús y la obra que Él hizo por ti. A través de Cristo, podemos hacer todas las cosas, porque Él nos fortalece. "El gozo de Jehová es vuestra fuerza" (Nehemías 8:10). Incluso, si los tiempos son duros ahora mismo, debemos caminar en ese gozo porque tenemos a Jesús sobre nosotros. Debemos hacer que nuestra vida siga el patrón de Cristo. Sé bendecido en este día y medita en lo que el Señor ha hecho por nosotros en la cruz. ¡Dios nos ama mucho!

LAS PALABRAS PROFÉTICAS TRAEN VIDA

Me quedé cerca de *Will* y *Barbara Bennett* en aquel tiempo; nadie entendía por lo que estaba atravesando como ellos. Cuando ministraba en su iglesia, el Señor traía testimonios maravillosos de salvación y sanidad que bendecían mi alma. Hay un testimonio especial de una de las familias nativas que asisten allí. Y quiero que *Frank Pitts* cuente el poderoso testimonio de su familia en sus propias palabras:

"¡Agradezco a Dios Su misericordia y gracia! Le doy gracias a Jesús por los planes que Él tiene para mi vida, y porque conocer a la hermana *Glenda Jackson* era parte de ese plan.

No fui criado en la iglesia. De adolescente, en la escuela me destaqué en los deportes. Me gradué y fui a la universidad. Ahí fue cuando todo salió mal. Todo lo que hice fue tomar malas decisiones una tras otra. Empecé a beber alcohol; eso me llevó a las drogas, y a pasar años entrando y saliendo de la cárcel.

Mientras mi vida era un desastre, mi madre, mi hermano y hermanas rindieron sus vidas a Jesucristo. En ese tiempo, no teníamos una iglesia en nuestra reserva, así que empezamos a ir a la iglesia de una ciudad cercana, liderada por los pastores *Willard* y *Barbara Bennett*. ¡Ellos volvían a casa tan entusiasmados con el Espíritu Santo y las salvaciones y milagros en el nombre de Jesús! Mi madre hablaba continuamente de cómo Dios quería liberarme de las drogas. ¡Esto era toda una locura para mí! Apenas ella empezaba, yo gritaba: ¡Díselo a alguien más! Yo no quiero oírlo'. Incluso traté de impedir que ella fuera a la iglesia arrojando su Biblia a la basura. ¡Estaba podrido hasta la médula!

Por razones que solo Dios conoce, en Su misericordia y gracia Jesús todavía quería que yo fuera a Él. Mi familia conoció a una mujer de Dios, la profetisa *Glenda Jackson*, que solía llevar adelante avivamientos en la iglesia de los *Bennett*. *Glenda* no sabía nada de mí, pero el Señor le dio una palabra profética acerca de alguien llamado *Frank*. Dios le dijo que le pasara esa palabra al pastor *Willard*. Ella le preguntó: 'Pastor, ¿usted conoce a un hombre llamado *Frank*? Dios me dijo que él lo va a llamar para hablar conmigo'. Con cautela, el pastor *Willard* respondió: 'Sí, conozco un hombre llamado *Frank*; pero no hay ninguna razón por la que ese hombre vaya a llamarme a mí'.

Una semana antes, yo le había hecho una explosiva visita al pastor *Willard*. Yo no sabía nada acerca del diezmo, pero sabía que mi madre iba a la iglesia los domingos con dinero en su bolsillo y volvía a casa con casi nada de ese dinero. Toqué a la puerta del pastor *Willard* y le dije que, si volvía a tomar el dinero de mi madre, lo iba a tirar al suelo de un golpe. Fui tan áspero. No había manera de que el pastor pensara que yo podría llegar a llamarlo alguna vez.

Pero *Glenda*, la brasa de fuego del Señor era persistente. *Glenda* le dijo: 'Pastor, Dios dijo que este hombre *Frank* lo va a llamar y será una señal y maravilla para usted. Él le va a pedir hablar con *Glenda Jackson* para pedirle oración'. En ese momento, comenzó la obra sobrenatural de Dios en mi vida".

UN MILAGRO PODEROSO

"Una noche, poco después de eso, el hijo de mi hermano, *Jeremiah*, que tenía dos años, comenzó a tener convulsiones en su cuna. Una ambulancia se lo llevó a toda velocidad a la sala de emergencias. Mi madre me llamó para decirme que *Jeremiah* apenas respiraba y que fuera al hospital tan rápido como pudiera.

Cuando entré a la habitación del hospital donde estaba el bebé, quedé impactado al ver a mi madre en completa calma y diciendo: 'Dios tiene todo bajo control; solo vamos a alabarlo'. Perdí la compostura, me embravecí y perdí el control como de costumbre. Le grité a todos en esa habitación: ¿Por qué van a servir a un Dios que deja que desperdicie mi vida y aun así viva, pero que va a permitir que este niño muera cuando ni siquiera ha empezado a vivir?'. Entonces, las cosas empeoraron. Después de casi dos horas de convulsiones, se llevaron a *Jeremiah* en un helicóptero a un hospital más grande. Los médicos tenían pocas esperanzas con él porque incluso diez minutos de convulsiones pueden causar grandes daños al cerebro. Aun así, mi familia seguía orando. ¡Yo estaba tan enojado con ellos y con Dios!

En 2007 los celulares y la cobertura celular eran algo nuevo, y era difícil hacer un llamado desde adentro de un hospital. Ninguno de nuestros teléfonos funcionaba. Mi familia estaba desesperada por comunicarse con la hermana *Glenda* para que orara por *Jeremiah*. Así que arrojaron un teléfono a mis manos y mi madre dijo: '*Frank*, por favor, ve a llamar a este hombre y dile que quieres hablar con *Glenda Jackson*. ¡Pídele a ella que ore por *Jeremiah*!'. Yo salí corriendo fuera para conseguir señal de celular. Ni siquiera me di cuenta de que estaba llamando al mismo pastor que había amenazado con una golpiza. Hice el llamado y le dije al hombre que contestó: 'Soy *Frank Pitts*. Necesito hablar con una mujer llamada *Glenda Jackson*'. 'Y aconteció' tal como Dios se lo había dicho a ella.

Sorprendido, el pastor *Willard* respondió: 'Ella está aquí mismo, en el asiento de atrás de mi auto. Vamos de camino a un avivamiento'. En total asombro, le pasó el teléfono a *Glenda*. '¡Es *Frank*!', le dijo con sorpresa. *Glenda* tomó el teléfono: '*Frank*, he estado esperando que me llames'. Quedé estupefacto. ¿De qué hablaba esta mujer? Yo no la conocía y ella no me conocía a mí. Le dije lo que estaba pasando con *Jeremiah*. Lo siguiente que ella me dijo fue: 'No te preocupes. Dios dice que el bebé va a estar bien. El bebé va a vivir'. Realmente no escuché mucho más; me enfoqué solo en esas palabras: 'El bebé va a vivir'.

Después de esa llamada, algo se ablandó en mi corazón y realmente quería creer que este Dios era real. Mientras corría de vuelta a la habitación del hospital, oré: 'Dios, si hay un Dios, si eres real, este bebé tiene que despertar'. Entré a la habitación de *Jeremiah* mientras la enfermera cambiaba su pañal. Murmuré: 'Por favor, *Jeremiah*, deja de sacudirte y abre los ojos'. En cuestión de minutos, las convulsiones cesaron y el pequeño abrió los ojos y le frunció el ceño a la enfermera. Entonces, miró hacia mí y comenzó a sonreír. ¡Pasé de la desesperanza a una alegría desbordante en segundos!

Los médicos de *Jeremiah* estaban asombrados de su repentina recuperación; pero insistían en que debería permanecer con medicación anticonvulsiva por el resto de su vida. ¡Ellos no conocían el poder de la oración! Solo unos pocos meses después, *Jeremiah* estaba completamente sano. Eso fue hace catorce años atrás y, desde entonces, no ha vuelto a tomar medicación anticonvulsiva. Hoy es un adolescente fuerte y sano. Cada parte de este milagro sucedió tal y como la hermana *Glenda* profetizó que sería. Fue un milagro 'Y aconteció' que mi familia y yo nunca olvidaremos".

Poco después, *Frank* vino al servicio del campamento de los *Bennett* y rindió su corazón y vida a Jesús. Él comenzó a evangelizar en las reservas, compartiendo el poder de Dios para salvar al más lejano, incluso a alguien como él, perdido en las drogas y en un mar de ira. Hoy, *Frank* es un miembro activo de la Compañía de Río de Vida en la reserva de nativo-americanos en *Dresslerville*, *Nevada*, donde comparte la Palabra de Dios en el Espíritu Santo. ¡Alabado sea Dios! Podemos confiar en que Él será fiel a Su Palabra y a la oración de Su pueblo. "Por tanto, os digo que todo lo que pidiereis orando, creed que lo recibiréis, y os vendrá" (Marcos 11:24).

TESTIMONIOS "Y ACONTECIÓ"

"Dios bendijo nuestra comunidad de nativo-americanos con nuestro propio edificio y un pastor que no tenía que viajar desde otra ciudad. La iglesia invitó a la hermana *Jackson* un fin de semana para realizar un avivamiento. Como Dios comenzó a moverse en los servicios, el fin de semana se extendió a una semana… una semana llevó a dos semanas… dos semanas llevaron a tres semanas…

Una noche, yo llegaba exhausto de un largo día de trabajo en la construcción. Mientras el servicio comenzaba, miraba por la ventana de la iglesia hacia fuera. Entonces, vi unas llamas azules de entre tres y cinco metros de alto ardiendo fuera de control. Las llamas rodeaban la iglesia por todos lados. Recuerdo que pensé para mí: 'Trabajaste demasiado hoy, *Frank*, tienes agotamiento por el calor, por la exposición al sol. ¿Qué clase de enfermo pensaría en ver la iglesia quemándose mientras está sentado en un servicio?'.

Muchos de nosotros en la congregación éramos nuevos creyentes, así que la hermana *Glenda* estaba explicando la importancia de la profecía. 'Deséalo y el Espíritu lo traerá, pero tiene que ser hablado. Tiene que ser derramado'. Luego, ella habló unas palabras que me hicieron arrodillar: 'Si tan solo pudieran ver lo que yo veo, si tan solo pudieran ver lo que Dios me está mostrando ahora mismo acerca de esta iglesia. Dios me está mostrando que este lugar está ardiendo con fuego del Espíritu Santo. Hay unas llamas azules levantándose todo alrededor de la iglesia ahora mismo. ¡Este lugar está en fuego por Dios!'.

¡Me quedé sin palabras! ¡Podía ver las llamas de las que hablaba la hermana *Glenda*! Un minuto antes yo creía que estaba perdiendo la cabeza; ahora, me daba cuenta de que Dios me estaba dando el privilegio de ver en el mundo espiritual. ¡Me sentía tan indigno! Pregunté: '¿Por qué yo, Señor? ¿Por qué me permitirías ver algo tan maravilloso?'.

Después de eso, el Espíritu Santo se movió grandemente; Dios comenzó a manifestar Su gloria a la iglesia cada noche.

Meses más tarde, durante otro avivamiento, *Glenda* anunció en medio de su mensaje: 'Dios dijo que les dijera que habrá un terremoto cerca de esta zona esta noche. Acontecerá'. Esa noche, la noticia de último momento en todas las estaciones de noticias locales fue que un terremoto grado 3.6 había golpeado el área de *Reno, Nevada*, que estaba a solo media hora en auto hacia el Norte de la iglesia. Por años, los científicos han tratado de desarrollar un sistema de alarma anticipada para terremotos, pero nadie ha podido nunca predecir el día exacto en que un terremoto va a ocurrir. Ahora, nosotros estábamos en un servicio donde Dios habló por la boca de la hermana *Glenda*, quien profetizó un terremoto antes de que sucediera. 'Y aconteció'.

A la noche siguiente, la iglesia estaba revolucionada con lo que Dios había hecho. La gente exclamaba: '¡Sucedió! ¡El terremoto sucedió!'. Pero *Glenda* no estaba sorprendida. 'Dios dice que les diga que esto no es nada. Él va a sacudir los pilares de la tierra para mostrarles que está en control de todo. Estos terremotos van a seguir ocurriendo de continuo, por meses. Los científicos van a tratar de explicar por qué los terremotos están ocurriendo cerca de *Reno, Nevada*, pero no podrán. Esto es obra del Señor, predicho por Dios para que ustedes crean. 'Y aconteció'.

Hoy es posible indagar sobre los terremotos de *Reno* de 2008. Los científicos de todo el mundo todavía viajan a *Reno* sin hallar respuesta de por qué cientos de terremotos sucesivos ocurrieron en un área de solo cinco kilómetros ese año. Pero Dios permitió que los creyentes en una pequeña iglesia nativo-americana supieran que iba a suceder antes de que sucediera, para que nuestra fe en Él y Su palabra profética creciera más fuerte. Nuestro avivamiento de un fin de semana se volvió en un avivamiento de un mes entero, gracias a que el Espíritu Santo se movió con poder entre nosotros".

—*Frank Pitts*

QUIERO ANIMARTE:

TODO LO QUE DIOS TENGA PARA TI,

LO QUE SEA QUE ÉL TE PIDA HACER,

OBEDÉCELO.

7

DIOS USA VISIONES Y SUEÑOS

"Cuando haya entre vosotros profeta de Jehová, le apareceré en visión, en sueños hablaré con él".
—Números 12:6

Cuando tu corazón está entregado por completo al Salvador y Él se convierte en todo en tu vida, Dios se comunica a menudo contigo a través de sueños y visiones. Mi tía bisabuela *Maria*, escribió:

"La obra que el Señor me estaba llamando a hacer se me vino tan clara... Tenía unas visiones tan gloriosas. Una vez, estaba meditando sobre el amor de Dios al dar a Su único Hijo para morir por pecadores y acerca del hermoso hogar que Él estaba preparando para aquellos que ama, cuando sentí como si saliera flotando y fuera depositada en la Hermosa Ciudad... el cielo es... una ciudad real... A menudo, ahora, cuando estoy apelando a los pecadores para que vengan a Jesús y hablándoles del amor de Dios, el hermoso hogar en el cielo, las brillantes mansiones, la túnica y la corona, y la gran multitud de aquellos que han sido lavados en la sangre del Cordero, parece que el velo es quitado, y me siento perdida en el amor y la gloria de Cristo".[19]

Un año después de que *Jimmy* se fue a su hogar con el Señor, los médicos me dijeron que yo estaba muriendo. Estaba teniendo un fuerte dolor alrededor del estómago, así que me ingresaron al hospital en *Modesto, California*. Fui diagnosticada con Hepatitis C, y las pruebas mostraban que ya lo tenía desde hace tiempo, lo que había causado serias lesiones en mi hígado. Mi doctor entró despacio en mi habitación de hospital con los resultados finales de mis exámenes. Me dijo: "Usted tiene cáncer de hígado. Lamento decirle que solo tiene unos dos meses de vida". Y me entregó un trozo de papel con el diagnóstico mortal y dejó la habitación.

Aquella noche, yo me retorcía en mi cama de hospital, me sentía muy enferma. Me desperté en medio de la noche y miré hacia arriba y vi a Jesús. "¿Viniste a buscarme?", le pregunté. Él sacudió la cabeza: "No". Y le dije: "Creí que habías venido a llevarme a mi hogar". Él sonrió y dijo: "No. Tengo mucho trabajo para que hagas". Jesús no dijo nada acerca de sanarme. Él solo dijo: "He venido a decirte que no vas a morir. De este hospital te irás a tu casa. Tienes trabajo para hacer". El dolor se fue, así que los doctores me dejaron ir un par de días después, asumiendo que iba a morir. Me fui a vivir con *Paula* y su familia a *Manteca, California*.

LA VISITACIÓN DE UN ÁNGEL

Unas noches después de llegar a la casa de *Paula*, estaba tendida en la cama con mi pequeña nieta, *Pokie*, dormida a mi lado. Lo recuerdo claramente porque era el 29 de diciembre de 2007, fecha de mi cumpleaños. Si bien ya no me sentía enferma, me preguntaba si este no sería mi último cumpleaños sobre esta tierra.

En medio de la noche, Dios me dio una visión. Un ángel apareció ante mí y dijo: "El Dios Altísimo me ha enviado para abrir las puertas e ir delante de ti. Te saco de las reservas indias y vas a ministrar

19. *Signs and Wonders* [Señales y Maravillas], pp. 13–14

con ministerios reconocidos a todo lo largo y ancho del país. Y les vas a dar un mensaje". Siguió diciendo: "Yo iré delante de ti. Voy a preparar citas divinas ¡y será mejor que estés allí! No dejes que nada te detenga". Entonces, él miró a *Pockie* y dijo: "No dejes que ella te detenga nunca. Irás y ministrarás para Jesús".

Antes de que el ángel se fuera, le pregunté: "¿Cómo puede ser esto? No conozco a nadie en esos grandes ministerios". Él me repitió que yo no iba a tener que abrir mis propias puertas. Ellos me conocerían antes de que yo los conociera a ellos. Él nunca dijo: "Serás sana del cáncer de hígado". Tomé todo aquello por fe, creí que estaba sanada porque Dios tenía trabajo para mí. (Todavía tengo el reporte del médico que dice que solo tenía dos meses de vida. ¡Gracias a Dios, esto nunca aconteció).

OBEDECE LA ASIGNACIÓN DE DIOS PARA TI

A la mañana siguiente, estaba empacando mi valija para ir a un avivamiento programado en otra ciudad. Cuando me iba, la pequeña *Pockie* hizo algo que nunca había hecho. Se acostó en frente de mi auto llorando: "No me dejes. ¡Tú no te vas a ir!". Esto me partió el corazón. Le dije: "Querida, tengo que ir a hacer la obra del Señor". Ella seguía llorando: "No me dejes". *Paula* tuvo que recogerla para que yo pudiera entrar a mi auto y partir. El ángel lo había dejado muy claro, que nada iba a impedir que hiciera la obra de Dios; ni siquiera mi preciosa y pequeña *Pockie*. Yo no sabía lo que iba a suceder después, pero sabía que Dios me había hablado claramente. ¡Él se aseguró de que yo recibiera el mensaje!

Quiero animarte a que lo que sea que Dios tenga para ti, lo que sea que te pida que hagas, obedécelo. Obedece a Dios. Dios me envió en una misión de predicar Su Palabra, a proclamar proféticamente las cosas que Él me diga, a orar por sanidades milagrosas —incluso a escribir este libro— y estoy obedeciéndolo. Pero depende de ti creerle a Dios y responder a tu propio llamado. Hay apóstoles, profetas, evangelistas, pastores y maestros leyendo este libro, ¡el ministerio quíntuple! Hay ministros laicos leyendo este libro. Hermanos y hermanas, tienen que estar listos para responder al llamado de Dios, aun si al principio tienen dudas.

Al comienzo, fue difícil para mí, sin duda. Quería estar en el desierto, ministrando en las reservas. Amaba estar allí; la gente era como mi familia. Pero Dios me estaba llamando fuera del desierto. Cuando le pregunté por qué, Él dijo que estaba cumpliendo Su Palabra conmigo cuando me dijo que sería profetisa a las naciones. Él dijo: "Ve, pero no te preocupes. No necesitas perseguir a nadie; ellos te conocerán y vendrán a ti". Sintiéndome muy indigna, le pregunté: "Señor, ¿por qué me estás levantando y dándome esta gran plataforma?". Él respondió: "Tú eres una profetisa. Te ha sido confiado el don de profecía. ¡Eres una maestra! Yo tengo un plan para ti". "Ojalá todo el pueblo de Jehová fuese profeta, y que Jehová pusiera su espíritu sobre ellos" (Números 11:29).

UNA VISITA AL TRONO

Poco después de esto, el Señor me dio la visión más santa que he tenido. Estaba conduciendo un avivamiento en *Power Christian Ministries* (Ministerio Cristiano Central de Poder), en *Sacramento*, con el pastor *Robert Jones*. La gente estaba hambrienta por un toque de Dios. Durante uno de los servicios, caí bajo el Espíritu y estuve sobre la alfombra del altar por dos horas. Lo sé porque el pastor *Jones* tenía un reloj y tomó el tiempo. Mi nieta, *Alyson* (para entonces, yo era la única que la llamaba *Pockie*), pensó que yo había muerto. El pastor *Jones* dijo: "Ella está bien. Déjenla tranquila. Solo está visitando el cielo con el Señor ahora mismo". En ese momento, él no lo sabía, pero estaba en lo correcto.

Mientras estaba bajo el Espíritu, dos ángeles bajaron del cielo y me llevaron a la sala del trono, donde el Padre celestial estaba sentado con Jesús a Su mano derecha. El resplandor de Dios era magnificente. Yo no podía levantar los ojos para mirarlo; permanecía con la cabeza inclinada. Hay una presencia tan maravillosa de Dios allí que ni siquiera quieres hablar. Sentía Su presencia; pero no podía levantar la vista hacia el Padre o al Hijo. No le creas a la gente que dice que puede visitar el cielo cuando quiere y describirlo como si fuera un cuento de hadas, porque cuando yo visité la sala del trono quedé estupefacta, asombrada y maravillada.

Lo primero que Jesús compartió conmigo fue lo que Él llamó las dos palabras más importantes en el cielo. A estas alturas, tú ya las sabes y las conoces bien: "Y aconteció". Y Él me dijo que la manera de hacer que estas palabras acontezcan en nuestra vida es por nuestra *fe*. De repente, comencé a llorar. Veía ángeles portando escudos dorados y poniéndolos en el piso alrededor de mí. Le pregunté al Señor: "¿Qué es esto?". Él respondió: "Estos son escudos de fe. Mis ministros están rindiendo sus escudos de fe dondequiera. Mi pueblo ha dejado de usar sus escudos. Va al mundo a suplir sus necesidades; ya no vienen a mí. El pueblo ya no quiere más mi fe".

¡QUE TU FE NO FALLE!

Durante las dos horas siguientes, yacía en el Espíritu mientras Jesús me enseñaba cómo opera la fe. ¿Recuerdas lo que es la verdadera fe? Aquí fue cuando Dios me dio el poderoso acrónimo de F.A.I.T.H. (en español, *fe*) que compartí en un capítulo anterior: *Forsaking All I Take Him* (*Dejando todo atrás, lo tomo a Él*). Dios hizo un acrónimo para que tú y yo nunca olvidemos que esta es la clave para tener una fe sobrenatural: dejando todo en el mundo por Jesucristo. Esa es nuestra conexión sobrenatural para tener una fe sobrenatural.

Entonces, Jesús dijo: "Yo soy el gran intercesor que oro en el cielo por mi pueblo". Su Palabra dice: "Cristo es el que murió; más aún, el que también resucitó, el que además está a la diestra de Dios, el que también intercede por nosotros" (Romanos 8:34).

Jesús me dijo: "Pero yo no oro para que nadie sea salvo". Entonces, le repliqué: "Pero, Señor, ¡creí que eso era todo lo que hacías!". Y me respondió: "¡Yo ya hice la obra!". Y así lo dejó establecido: "Y en ningún otro hay salvación; porque no hay otro nombre bajo el cielo, dado a los hombres, en que podamos ser salvos" (Hechos 4:12). Entonces, Jesús dijo: "Yo no oro para que nadie sea sano". Yo grité: "Pero, Señor, ¡creí que eso era todo lo que hacías!". Él respondió: "¡Yo ya hice la obra!". Como leemos en la Biblia: "Mas él herido fue por nuestras rebeliones, molido por nuestros pecados; el castigo de nuestra paz fue sobre él, y por su llaga fuimos nosotros curados" (Isaías 53:5).

Jesús continuó: "¿No recuerdas lo que le dije a Simón, Pedro? 'Simón, Simón, he aquí Satanás os ha pedido para zarandearos como a trigo; pero yo he rogado por ti, que tu fe no falte…'.[20] Yo no le dije a Pedro que iba a orar para que el diablo lo dejara tranquilo. No le dije que lo iba a sacar de allí. Yo oré para que su fe no faltara. Eso es lo que estoy orando para mi pueblo; que su fe no falte. Vuelve y dale mi mensaje. Pregúntale a mi pueblo: 'Cuando regrese, ¿encontraré fe en la tierra?'".[21]

SOBRE TODO

Entonces, oí una voz detrás de mí. Ni siquiera me di vuelta; supe en mi espíritu que era la voz del apóstol Pablo. Me dijo: "Recuerda lo que escribí a la iglesia de Éfeso acerca de la armadura de Dios: 'Sobre todo, toma el escudo de la fe, con el que podrán apagar todos los dardos encendidos del maligno'".[22] ¡Sobre todo! Dios nos ha provisto con una armadura espiritual para la batalla. Pero Pablo dice que no importa lo que hagamos, ¡no debemos dejar nuestro escudo atrás! ¡Sobre todo, toma ese escudo de fe! Sé que los ministros enseñan que debes levantarte cada mañana y ponerte la armadura de Dios. Pero yo quiero saber dónde dice que debemos quitárnosla. ¡Llevo la mía puesta siempre! ¡Oro con ella puesta! ¡Duermo con ella puesta! ¡Estoy siempre alerta! (ver Marcos 13:33). Nunca le doy la espalda al diablo. Y uso el escudo de la fe para extinguir los dardos de fuego del enemigo de mi alma, que es Satanás.

El apóstol Pablo me recordó otra Palabra: "He peleado la buena batalla, he acabado la carrera, he guardado la fe" (2 Timoteo 4:7). Jesús

---

20. Lucas 22:31-32
21. Lucas 18:8
22. Efesios 6:16

me dijo: "Pablo no dijo: 'He guardado la prédica'; él no dijo: 'He guardado la alabanza'; él dijo: 'He guardado la *fe*'". Estoy tan agradecida por el poderoso mensaje acerca de la fe que escuché en la sala del trono aquel día. Jesús me dijo: "Llévale este mensaje a mi pueblo", y desde entonces, eso es lo que he estado haciendo.

En el cuerpo de Cristo hay muchos que se han debilitado en su fe. El pueblo de hoy está olvidando su fe. Jesús quiere que sepamos: "Yo te di el escudo de la fe. ¡Tómalo! Si no tomas nada más, toma el escudo de la fe para que puedas apagar los dardos de fuego del enemigo; para que puedas tener momentos 'Y aconteció' en tu vida". En este instante, en la sala del trono, Jesús está orando por cada uno de nosotros para que la fe no nos falte.

CREE A LOS PROFETAS Y PROSPERA

La primera vez que ministré en *Powerhouse Christian Ministries* (*Ministerio Cristiano Central de Poder*) con el pastor *Robert Jones* recibí una palabra profética del Señor que cambió a la familia *Jones* para siempre. Prefiero que el pastor *Jones* sea quien comparta este milagro contigo:

"Era un sábado por la noche, y un pequeño grupo se había congregado en nuestra iglesia para un servicio de oración abierto. Justo antes de que comenzáramos, la puerta se abrió de golpe y la hermana *Glenda Jackson* entró con uno de nuestros miembros. Con la osadía de Pablo y el amor de Cristo, ella se presentó a sí misma. 'Hola pastor', me dijo con una expresión de alegría en su rostro. En ese mismo instante, supe que ella era una mujer de Dios. Todos en el salón podíamos sentir la presencia de Dios alrededor de ella. La invité a unirse a nosotros y pasamos las siguientes cuatro horas hablando del Señor y orando. Ese fue el comienzo de una relación divina. Me enamoré de la pasión por Jesucristo de esta mujer, y quería que toda la iglesia oyera lo que ella tenía para decir. La invité a predicar en nuestra iglesia al siguiente domingo. Nuestra congregación, con sus diferentes trasfondos y experiencias de iglesia, bebió sus palabras con el entusiasmo del Espíritu Santo.

El Señor me guió a realizar un avivamiento en nuestra iglesia con la hermana *Jackson* liderando cada servicio. Realizar un avivamiento nunca había parecido posible; éramos una pequeña iglesia que apenas comenzaba. La rápida respuesta de la hermana *Jackson* a mi invitación fue: 'Yo solo quiero que la gente conozca a Jesús'. La primera noche de avivamiento, la audiencia era más grande de lo que yo había visto antes, y el Espíritu era más pesado de lo que yo había sentido nunca. Sin conocer casi a nadie a nivel personal, la hermana *Jackson* comenzó a moverse a través de la congregación, profetisando sobre aquellos a quienes el Señor la guiaba. Les hablaba de circunstancias presentes y de promesas futuras como solo alguien en contacto directo con Dios puede hacerlo.

Una de esas personas fue mi esposa, *Heather*. La hermana *Jackson* no tenía conocimiento previo de la vida personal de *Heather* ni de que habíamos estado tratando de tener otro hijo por cerca de nueve años. Después de tantos años de infertilidad nos habíamos resignado al hecho de que el regalo de Dios para nosotros era nuestro hijo *Weston*, que ahora estaba en tercer grado. Durante el avivamiento, la hermana *Jackson* le habló a *Heather* con la osadía de Dios. Ella dijo: '¡Quedarás embarazada y tendrás una niña!'. Mi esposa se desmoronó en llanto bajo la presencia del Señor y gritó: '¡Yo lo tomo!'.

Esta palabra penetró mi corazón y empecé a darle gloria a Dios. Una escritura de 2 Crónicas 20:20 resonó en mi alma: 'Josafat, estando en pie, dijo: Oídme, Judá y moradores de Jerusalén. Creed en Jehová vuestro Dios, y estaréis seguros; creed a sus profetas, y seréis prosperados'. Esta Escritura seguía viva en mí cuando subí al púlpito y le dije a toda la congregación que *Heather* y yo íbamos a tener una niña. Por supuesto, no teníamos ninguna prueba médica de que ella estuviera embarazada; no, algo mejor, teníamos una promesa de Dios. La congregación empezó a alabar cuando alguien gritó: '¿Cuándo?'. Y yo grité de vuelta: 'No lo sé, pero la profetisa de Dios habló, yo la oí y lo creo'.

Apenas cuatro días después, *Heather* tuvo un 'retraso'. Apenas atreviéndose a respirar, se hizo una prueba de embarazo. Por primera vez, en casi nueve años, ¡el resultado fue positivo! Al día siguiente, nuestro hijo le dijo a toda su clase que iba a tener una hermanita. Asumiendo que mi esposa tendría al menos cinco meses de embarazo, la maestra le preguntó cuándo iba a nacer la bebé. *Weston*, muy confiado, le respondió que no sabía, pero que una profetisa había dicho que era una niña, así que eso quería decir que él tendría una hermana. Varios meses después, nos metimos los tres en el cuarto de ecografías para ver a nuestro bebé, y adivina qué, ¡era una niña! ¡Aleluya! 'Aconteció'.

Si tú oyes la voz de Dios y crees en el profeta, también serás prosperado. Dios quiere que Su pueblo crea que Él es DIOS y que no hay nada imposible para Él. En nuestro caso, Él abrió el vientre de mi esposa tal como hizo con Sara en la Biblia. Te animo, ahora mismo, a dejar que Dios obre en su vida como Él está tratando de hacerlo. ¡Nunca limites a Dios! Confía en Su capacidad para usar a un profeta para hablarte a ti; ya sea directamente o a través de las páginas de este libro. Mientras lees, expande tu fe a un nivel ilimitado y recibe lo que la hermana *Glenda* tiene para compartir. ¡Te prometo que cambiará tu vida!".

¡Cuántos milagros grandiosos! ¿Para qué me estaba preparando Dios con estas poderosas visiones y profecías? Creo que era para las puertas que Él estaba a punto de abrir, de par en par, hacia los grandes ministerios a los que me estaba dirigiendo alrededor del mundo.

HERMANDAD INTERNACIONAL DE EMPRESARIOS DEL EVANGELIO COMPLETO

Después del avivamiento en *Powerhouse Christian Ministries (Ministerio Cristiano Central de Poder)*, uno de los primeros pastores en invitarme a predicar fue el pastor *Scott Wead*, al Sur de *California*. Allí, conocí a *Richard Shakarian*, el hijo de *Demos Shakarian* y presidente de *Full Gospel Business Men's Fellowship International (FGBMFI) (Compañía Internacional de Empresarios del Evangelio Completo)*. Cuando conocí a Richard, puse mi mano en su pecho y profeticé que había un problema con su corazón y que necesitaba sanidad. Él me dijo que lo había oído directo del Señor. Le compartí otras palabras guiadas por el Espíritu que lo ministraron personalmente. Richard me invitó a su oficina para ayunar y orar por el *Ministerio del Evangelio Completo* y pedirle palabras proféticas al Espíritu Santo para animarlo o darle advertencias. Conocí a su dulce madre, *Rose*, quien me presentó a varios pastores del Sur de *California*. El hermano *Shakarian* también me invitó a ministrar en la *Convención Anual de FGBMFI*, en *Orlando, Florida*. Como resultado, he sido bendecida predicando la Palabra y orando por sanidad en las reuniones de *FGBMFI* a lo largo y ancho del país y alrededor del mundo.

SEGUIR LA VOZ DE DIOS

Cuando seguimos la voz y dirección de Dios para nuestra vida, nunca sabemos dónde nos pueden llevar. Yo sabía que Dios había prometido usarme como profetisa a las naciones, pero nunca podría haber imaginado lo maravillosa que sería esta travesía.

Fui invitada a ministrar a unos servicios especiales en *Healing Word International* (*Palabra Sanadora Internacional*), una iglesia al Sur de *California* pastoreada por el pastor *Neville McDonald* y su esposa, *Wendy*, originalmente de Durban, Sudáfrica. El padre de Wendy, el pastor *Fred Roberts*, era un hombre de Dios ungido que había fundado el *Durban Christian Centre* (*Centro Cristiano de Durban*) para esparcir la Palabra de Dios a toda la punta Sur de África y alrededor del mundo. Era una cita divina que solo podía haber sido arreglada por Dios mismo.

En el tiempo perfecto de Dios, el pastor *Roberts* estaba de visita en la iglesia *Healing Word* (*Palabra Sanadora*), al Sur de California, mientras yo estaba allí. Él había venido para ser testigo de los maravillosos milagros que Dios estaba haciendo en las reuniones allí. Un hombre vino a la reunión acompañado de un amigo. El hombre era ciego. Cuando oré por él, recibió la vista de inmediato. Fue un milagro fenomenal. Yo no puedo sanar a nadie, pero Dios todopoderoso seguro que sí, ¡en el poder del Espíritu Santo!

EL PODER DE DIOS EN SUDÁFRICA

Mientras el pastor *Roberts* estaba de visita en la iglesia *Healing Word* (*Palabra Sanadora*), yo le profeticé que el avivamiento estaba a punto de desatarse en su iglesia en Durban, Sudáfrica: "Manantiales de agua sobrenatural aparecerán al frente de su iglesia. La gente verá las aguas y rendirá su vida a Dios. Sucederán sanidades y milagros más allá de lo que ha visto antes". Cuando el pastor *Roberts* volvió a Sudáfrica, el avivamiento se desató entre la gente de su iglesia y de la ciudad a su alrededor. Un récord de gente vino a Cristo y muchos fueron sanados. ¡La profecía aconteció!

Después de esto, el pastor *Roberts* me invitó a Sudáfrica a predicar en *Durban Christian Centre* (*Centro Cristiano Durban*) en su nuevo auditorio, el *Jesus Dome* (*Domo de Jesús*). Esta era mi primera oportunidad de profetisar y predicar en otra parte del mundo. En ese tiempo, el *Jesus Dome* (*Domo de Jesús*) era un edificio de seis lados con capacidad para 5.500 personas. Cuando prediqué allí, el lugar estaba lleno. La gente estaba muy hambrienta de oír la Palabra de Dios y de ver Sus milagros. Yo estaba honrada de ser usada como un vaso para Su gloria.

Uno de los momentos más emocionantes del viaje fue ministrar en la iglesia de *John G. Lake*, en Johannesburgo. El evangelista y misionero pentecostal y pionero fundó la iglesia llamada *Apostolic Faith Mission* (*Misión de Fe Apostólica*) en 1908. Este es el ministerio pentecostal más grande de Sudáfrica; una iglesia multirracial poderosa, con cristianos negros y blancos que llevan el amor de Cristo a todo el Sur de África. Hubo muchos momentos "Y aconteció" en esa iglesia y en todas las oportunidades de ministrar que Dios abrió en Sudáfrica. ¡Toda la gloria y honra son de Él! El Señor estaba cumpliendo Su palabra; Él me había llamado a ser una "profetisa a las naciones".

En los siguientes años, la obra y ministerio de los pastores *Fred Roberts* y *Neville McDonald* siguieron creciendo más y más. Ellos fundaron el *Good Hope Christian Centre* (*Centro Cristiano Buena Esperanza*), con diversos campus en países de todo el mundo. Estos hombres de Dios ungidos ya se han ido a estar con Jesús; pero sus ministerios todavía se mueven en la gloria de Dios. "Cantad entre las gentes su gloria, y en todos los pueblos sus maravillas" (1 Crónicas 16:24).

TESTIMONIOS "Y ACONTECIÓ"

Había un hombre, *Robbie Britt*, sentado en la tercera fila en una de mis primeras reuniones en la iglesia *Healing Word*. Apenas lo miré, sentí que había cargas abrumadoras en su corazón y que Dios quería tocarlo con Su amor. Dejemos que Robbie comparta su historia:

"Nunca había oído de *Glenda Jackson* antes de ese día. Éramos unos completos desconocidos. El hecho de que me señalara a mí para el ministerio cambió mi vida de la ruina al milagro. Yo era un pastor cristiano; pero la vida se había vuelto un pozo de decepción. No estaba pasando nada en mi ministerio ni en nada más. Me sentía turbado, confundido, quebrado por dentro. Sabía que era tonto pensar de esta manera cuando Jesús era mi Salvador, pero creía que no tenía nada por qué vivir.

La hermana *Jackson* caminó hacia mí como lo hace cuando ministra a tantos otros, y me preguntó: '¿Puedo orar por ti?'. Cuando asentí, ella declaró: 'Tú estás pasando por tiempos muy desafiantes y dolorosos, y has llegado al final del camino. Ya no quieres vivir más. El enemigo quiere que tu turbación te fuerce a cometer suicidio. ¿Esto es cierto?'. Con lágrimas corriendo por mi cara, respondí: 'Sí'. Continuó: 'Dios quiere que sepas que Él tiene planes más grandes para ti que el diablo. ¡Él quiere hacerte libre!'.

¡Estaba impactado! No había manera de que *Glenda Jackson* pudiera saber esas cosas de mí. ¡Nadie las sabía! Pero Dios sí las sabía, y Él la trajo a ella para darme Su palabra de vida. Ese día fui libre de la turbación que me había estado consumiendo. El Señor redireccionó mi vida y me dio esperanza para el futuro. Desde entonces, Dios ha sacado afuera mi don para enseñar. Predico como evangelista y ministro Su Palabra a través de la enseñanza y la música. Ahora entiendo la importancia del tiempo de Dios. Muchas veces tratamos de ayudarlo, y nos sobrecargamos cuando Su tiempo no coincide con el nuestro. Pero Él es el Dios del tiempo perfecto. Cuando es el tiempo de Dios, todo cae en su lugar.

Con los años, *Glenda Jackson* se ha convertido en una madre espiritual para mí; cariñosamente la llamo "Mamá Jackson". Ella ha sido fundamental en mi vida. Sé que tiene muchos hijos e hijas espirituales alrededor del mundo. Ella es de los verdaderos profetas en la iglesia de hoy. La autenticidad de su ministerio es reconocida, y cuando ella habla, las cosas realmente acontecen".

—*Robbie Britt*

YO ORO POR TRES COSAS PARA TI:

QUE EXPERIMENTES UNA CITA DIVINA CON

EL ESPÍRITU SANTO,

QUE TENGAS UNA LIBERACIÓN DIVINA DE FE,

Y QUE UNA EXPLOSIÓN DIVINA DEL ESPÍRITU SANTO

CAIGA SOBRE TU VIDA.

8

CAMINAR EN SEÑALES Y MARAVILLAS

*"Por tanto, se detuvieron allí mucho tiempo, hablando con
denuedo, confiados en el Señor, el cual daba testimonio
a la palabra de su gracia, concediendo que se hiciesen por las
manos de ellos señales y prodigios".*
—Hechos 14:3

Durante esta temporada, yo estaba ministrando de vez en cuando en la iglesia del pastor *Scott Wead*, al Sur de *California*. Un día él me pidió que lo acompañara al departamento de *Michael y Jessica Koulianos* porque quería que conociera a alguien allí. Él no me dijo a quién iba a conocer porque creía que una cita divina me esperaba allí. Entré a la sala de estar y vi a una hermosa mujer de cabello castaño, sentada sola, cerca de la ventana. Ella estaba visitando a *Michael* y *Jessica*, su hijo y su nuera. El Espíritu Santo me llevó directo a ella. Cuando esta mujer levantó la mirada, le dije: "Estoy aquí por ti, ¿cierto?". Ella comenzó a llorar y respondió un simple: "Sí". Toqué su hombro y le dije: "Dios me muestra que tienes un tumor y es cáncer. Pero Él dice: ¡Sé sana en el nombre de Jesús!'".

Esta amorosa mujer, *Evelyn Koulianos*, me dijo en confianza: "Mi familia ni siquiera sabe que tengo este tumor. Jesús habló a mi corazón: 'No le digas a tu esposo; no les digas a tus hijos. Yo te envío una respuesta para tu sanidad'. He estado esperando en el Señor". Poco después, Evelyn volvió a ver a sus médicos. Y los nuevos exámenes revelaron la fidelidad de Dios a Su Palabra; ¡el tumor se había ido! ¡Alabado sea Dios, nunca más volvió! Hoy, más de una década más tarde, Evelyn y su esposo, *Theo Koulianos Sr.*, siguen teniendo un poderoso ministerio en el Espíritu Santo en el centro de *Florida*.

Mi conexión con el milagro de Dios en la vida de *Evelyn* no terminó ahí. Cuando ella compartió la noticia de su sanidad con su esposo e hijos, todos quedaron muy entusiasmados con lo que Dios había hecho. Su hijo *Michael* y su esposa *Jessica* vinieron a verme. Entonces, me enteré de que *Jessica Koulianos* era la hija del evangelista *Benny Hinn*. Al hablar con ella tuve una visión de su padre. Se la describí: "Veo a tu padre en su habitación, y en la parte de arriba de su biblioteca tiene el libro de mi tía bisabuela *Maria, Signs and Wonders* [María, señales y maravillas]. Él no lo ha leído y no lo leerá hasta que me conozca".

Michael y *Jessica* llamaron a *Benny Hinn* de inmediato y le dijeron acerca de la sanidad de *Evelyn* y de mi visión. Él preguntó: "¿Quién es esta mujer?". Él quiso conocerme y me invitó a su siguiente conferencia. Aquí estaba otro líder del ministerio pidiendo conocerme, y yo no había hecho nada para conseguirlo. "Y aconteció". Dios seguía honrando Su palabra conmigo.

La noche previa tomé un avión para conocer al pastor *Hinn*, él me llamó por teléfono para saber un poco más de mí. Le conté acerca de mis años de ministerio en las reservas y luego le dije: "Dios me usa en el don de profecía". Para confirmar que el don profético era de Él, Dios me dio una palabra para *Benny Hinn*. Por teléfono le compartí algo que Dios le había revelado a él años atrás y que él nunca había compartido con nadie más. Sorprendido, expresó: "¡Usted ha leído mi correo!"; y entonces me dijo que estaba ansioso por conocerme.

LLAMADA AL FRENTE

La siguiente noche me ubiqué en la primera fila de un gran auditorio en la conferencia del pastor *Hinn*, preguntándome qué tenía Dios en mente para mí en este lugar. Le dije a Él que lo que fuera yo lo dejaría en Sus manos. Todavía no había conocido a *Benny Hinn* en persona, pero tan pronto como la alabanza y adoración terminaron, él me llamó adelante para presentarme y ver qué iba a hacer Dios. Él anunció a los cientos de personas allí: "Realmente no conozco a esta mujer. No estoy seguro de qué va a suceder aquí. El Señor me dijo: 'Tráela arriba'. Y yo respondí: 'Pero Señor, no la conozco; no sé qué va a suceder'. Dios me respondió: '¡No te preocupes! ¡Es mi servicio, no el tuyo!'". El pastor *Hinn* oró en voz alta: "¡Señor, hazlo a tu manera esta noche!".

Él me presentó como profeta del Señor y dijo: "Sabemos que un profeta es verdadero por las cosas que acontecen. *Glenda* no había conocido nunca a *Evelyn Koulianos*, pero la primera vez que la vio supo que *Evelyn* tenía un tumor. *Evelyn* había ido a los médicos, pero no le había dicho nada a su esposo ni a nadie en nuestro equipo ministerial". Él se volvió a mí y dijo: "Tú la miraste y supiste. ¿Cómo lo supiste? ¿Cómo lo hiciste?". A lo que respondí: "Yo no lo hice. Dios lo hizo. Jesús me mostró una visión del tumor apenas la conocí". El pastor *Hinn* respondió tal como lo había hecho la noche anterior, diciendo: "¡Tú leíste mi correo!". Entonces, dirigiéndose nuevamente a la congregación, dijo: "Tú de verdad leíste mi correo anoche. No mucha gente puede hacer eso. Sabías cosas de mí que no he hablado con nadie. Es tiempo de introducir lo profético al cuerpo de Cristo. Alguien con un don como el tuyo no puede quedarse arrumbado en un estante".

Y le dijo a la congregación: "*Glenda* ha estado trabajando entre las tribus de nativo-americanos en el Oeste por los últimos treinta años. Entonces, el Señor le habló y le dijo: 'Ahora quiero que vayas y ministres a más de mi pueblo'. ¿Qué haces hoy aquí?". Yo respondí: "El Señor me dijo que estoy aquí por tres razones, tanto para usted como para este pueblo. Estoy aquí para citas divinas, liberación y explosiones divinas".

El pastor *Hinn* siguió diciendo: "Glenda nunca ha visto nada de nuestro ministerio en televisión ni conoce nada acerca de los hombres que ministran conmigo. Nunca nos ha visto en televisión. Solo voló y llegó al aeropuerto a las cinco, justo antes de la conferencia". Señalando al resto de los hombres en la plataforma, dijo: "Oro para que Dios te dé una palabra para cualquiera de estos hombres que están conmigo en el ministerio, como el Espíritu Santo te guíe. Esta noche, vamos a orar a Dios y dejarlo hacer. Este servicio es de Dios, no mío. ¿Estás lista?".

"¿ESTÁS LISTA?"

De inmediato, fui guiada por el Espíritu hacia el líder de alabanza, otra persona que no conocía. (En realidad yo no conocía ni a una sola persona en aquella plataforma). Impuse las manos en ambos lados de su cabeza y proclamé que Dios ponía una doble porción de Su unción sobre él. Era su tiempo. Este caballero cayó bajo el poder del Espíritu Santo. Mientras yacía en el suelo, el Señor me mostró que él había perdido a alguien cercano: un hijo. Le dije: "Tú has sufrido una muerte; pero Dios está contigo ahora y está listo para moverse en una unción mayor. ¡Es tu momento!".

Ellos me dijeron que el nombre de este líder de alabanza era *Steve Brock*. Yo nunca había oído de él, dado que nunca había seguido ningún ministerio cristiano grande. Cuando él se levantó del suelo, me miró con lágrimas en los ojos y dijo: "¿Usted no me conoce? Dígame la verdad, ¿no me conoce?". Sacudí mi cabeza con un no, y el pastor *Hinn* respondió por mí: "Ella ha estado con los nativo-americanos. No nos conoce a nosotros ni a nuestro equipo. Nunca nos ha visto en televisión".

Steve Brock tomó mi mano y dijo: "Usted está ungida. En esta era, donde hay tantos cuestionamientos en el ministerio, en nuestra vida pública, en nuestras elecciones presidenciales, lo genuino tiene que salir. ¡Lo genuino tiene que salir!". Y le respondí: "Usted sabe, Jesús dijo que una de las señales del tiempo final es que 'nada permanecerá oculto'". "Porque nada hay oculto, que no haya de ser manifestado; ni escondido, que no haya de ser conocido, y de salir a luz" (Lucas 8:17). ¡Dios quiere revelar Su verdad!

Compartí con el hombre en la plataforma y la gente en el auditorio las cosas que Dios me había mostrado en la sala de Su trono acerca de la fe. Compartí el acrónimo F.A.I.T.H. (*Forsaking All I Take Him – Dejando todo atrás, lo tomo a Él*) y la advertencia del Señor de que Sus ministros y Su pueblo estaban dejando Sus escudos, desertando de la fe. Cité al apóstol Pablo: "He peleado la buena batalla de la fe; he guardado mi fe". Cuando dije lo que Jesús me había dicho: "Pablo no dijo: 'He guardado mi prédica'; 'He guardado la alabanza'; él dijo: 'He guardado la fe'", la congregación explotó en aplausos y alabanza. ¡Esta es la verdad de Dios!

EN BUSCA DE UNA FE MAYOR

En el cuerpo de Cristo hay muchos que se han debilitado en su fe. El pueblo de hoy está abandonando su fe. Jesús está orando para que nuestra fe sea fortalecida. El Señor está orando por cada uno de ustedes y por su fe. Lector, oro por tres cosas para ti: que experimentes una cita divina con el Espíritu Santo; que tengas una liberación divina de tu fe; y que una explosión divina del Espíritu Santo caiga sobre tu vida.

Animé a estos miembros del equipo ministerial del pastor *Hinn*, llenos del Espíritu, diciendo: "Prepárense para los milagros creativos que el mundo nunca ha visto. Serán hechos solo si Su nombre y Sus obras son glorificados". Nuestro Dios es creativo. Él trajo la sequía a la tierra de Israel en el tiempo de Elías. ¿Alguna vez te has preguntado de dónde salieron los doce baldes de agua que Elías usó para empapar el altar? Dios proveyó el agua, y luego también proveyó el fuego. ¡Dios hará milagros creativos en su vida y ministerio si tienes la fe para creer!

Todo el cielo está mirando lo que hacemos en la tierra en estos últimos días. Jesús está buscando mayor fe que la que haya visto nunca en la tierra. Prepárate, porque los muertos resucitarán; los hospitales serán vaciados. ¡Jesús es el Gran Médico! No queremos que algunos pocos enfermos sean sanados; ¡queremos que todos sean sanados! "Y recorrió Jesús toda Galilea, enseñando en las sinagogas de ellos, y predicando el evangelio del reino, y sanando toda enfermedad y toda dolencia en el pueblo" (Mateo 4:23).

¡Jesús dejó lo mejor para el final! ¡Él es el gran Yo Soy! ¡Él es el Alfa y la Omega! ¡Él es la estrella resplandeciente de la mañana! Le dije al pastor *Hinn*: "Usted va a caminar en un poder de resurrección como nunca ha conocido antes en su vida, dice el Señor". Después ministré en varias sesiones por el resto de la conferencia ese fin de semana. "Y aconteció". Dios iba delante de mí abriendo las puertas, de par en par, para el ministerio de Su Palabra profética y sanidades milagrosas.

CONFERENCIAS DE FUEGO FRESCO

Por un par de años más prediqué alrededor del país en las cruzadas de *Benny Hinn*, las cuales se llamaban *Fresh Fire Conferences* (*Conferencias de Fuego Fresco*). Mi primera cruzada fue en *Birmingham, Alabama*; fue tan emocionante ver el poder de Dios moverse poderosamente en las reuniones con palabras proféticas. Ministramos en *Virginia Beach, Los Ángeles*, en *Houston* y muchas otras ciudades. El poder del Espíritu Santo traía palabras proféticas, salvaciones y sanidades milagrosas. En cada conferencia el ministro me presentaba como "*Glenda Underwood Jackson*, profetisa poderosa y evangelista de sanidades". Muchos martes por la noche, yo enseñaba acerca del lugar de la profecía en la iglesia en la *School of Signs and Wonders* (*Escuela de Señales y Maravillas*) del pastor *Hinn*, al Sur de California. ¡Cuán bendecidos estarían mi tía bisabuela y mi padre si supieran que el legado *Underwood* todavía sigue ministrando en el poder del Espíritu Santo!

Mi conferencia favorita tuvo lugar en Israel. Fui bendecida al predicar desde un bote cerca de las costas del Mar de Galilea, como lo hizo nuestro Señor Jesús. ¡Ay, cómo lloré al mirar las mismas aguas sobre las que nuestro Señor caminó hace más de dos mil años atrás! Me sentí tan pequeña. Sentí la presencia del Espíritu Santo alrededor de todos nosotros.

PROVISIÓN PARA LAS NECESIDADES

El pastor *Armen Takhmizyan* es un querido amigo mío. Él comenzó *Foundation of Truth* (*Fundamento de la Verdad*) en *Christ Ministry* (*Ministerio de Cristo*) en *Glendale, California*. Nos conocimos la primera vez que ministré con *Benny Hinn* en el Sur de *California*. Dios me bendijo al permitirme predicar avivamientos en su iglesia y ser usada proféticamente en su vida y ministerio. Dejaré que él cuente su historia:

"Conocí a *Glenda* por primera vez en 2010, cuando ella estaba ministrando con *Benny Hinn* al Sur de California. El Señor se movía poderosamente a través de su ministerio. Un año más tarde fundé una iglesia para el pueblo armenio en el área de *Glendale*, donde tenemos servicios en armenio y en inglés cada domingo. *Glenda* ha ministrado varias veces en nuestra iglesia y hemos desarrollado una hermosa amistad en el Señor.

La primera palabra profética de la hermana *Glenda* vino hace diez años atrás cuando nuestro ministerio era nuevo y alquilábamos un espacio a otra iglesia para nuestros servicios. Un día, el pastor nos dijo que teníamos dos semanas para buscar otro lugar para reunirnos. Yo tenía dificultades para encontrar otra propiedad que pudiéramos pagar. Vivimos en un área empresarial costosa y, como iglesia joven en aquel tiempo, no podíamos pagar mucho. Entonces llamé a la hermana *Glenda* y le dije: 'Profetisa, ¿tiene algo del Señor para mí?'. Ella dijo: 'Pastor, déjeme orar'; y unos minutos más tarde me respondió: 'Veo un edificio grande con un estacionamiento amplio'. Luego, agregó un detalle muy preciso: 'Y el número en el edificio es siete'. Después de buscar por varios días, encontramos el edificio exacto que ella me había descrito. Yo estaba muy entusiasmado.

La profecía todavía se estaba desarrollando. El Señor me dijo que la suma que teníamos disponible para pagar era de 1.200 dólares. Pero cuando visitamos el edificio, la dueña dijo que el alquiler era de 4.500 dólares al mes. ¡4.500! Eso estaba muy por encima de los 1.200 dólares que estábamos preparados para ofrecer. Aun así, respondí con mucha calma: "Esa no es la suma que el Señor me dijo". Sin revelar esa cantidad, le pregunté a la dueña si era cristiana. Cuando ella dijo que sí, le pregunté si estaría dispuesta a orar acerca del precio del alquiler para ver qué le decía el Señor. Nos veríamos nuevamente la siguiente semana para ver qué había dicho el Señor. Cuando nos encontramos al siguiente miércoles, ¡sus palabras fueron sorprendentes! 'El Señor dijo que los deje alquilar este edificio por 1.200 dólares al mes'. ¡Gloria a Dios! La palabra profética de la hermana *Glenda* aconteció y tuvimos un edificio nuevo donde adorar al Señor".

¡El Señor Dios es fiel para hacer que Su palabra suceda en nuestra vida!

MINISTRANDO CON R. W. SCHAMBACH

Cuando era una joven madre de veinticinco años en 1970, *R. W. Schambach*, el gran evangelista sanador, estaba haciendo un avivamiento bajo carpa en *Fresno, California*. Yo estaba recién volviendo al Señor, así que tomé conmigo a mi pequeño y nos pusimos en la línea para oración. Cuando finalmente llegamos al frente, el hermano *Schambach* comenzó a reírse y reírse. Pensé en mis adentros: "¡No tengo por qué soportar que se ría de mí!". Creo que el hermano *Schambach* leyó mi expresión porque rápidamente se disculpó: "Lo siento, señora, pero me recuerda a mí mismo, y ¡cómo va a pelear contra usted el diablo! ¿Pero sabe qué? Dios me muestra que, no ahora mismo, pero a lo largo del camino, su nombre será conocido alrededor del mundo. Hará muchos milagros de sanidad en el nombre de Jesús. Dios la ha llamado, y hay un manto sobre su vida". (Él no sabía nada de mi tía). Y agregó: "Y va a suceder". Me pareció muy difícil de creer que lo que decía fuera verdad. ¿Cómo podría ser yo esa persona?

Años más tarde, en 2011, estaba yo ministrando en profecía en una conferencia en *Dallas*, donde el hermano *Schambach* era uno de los predicadores. Me sentía tan honrada de estar ministrando con este gran hombre de Dios. De alguna manera, antes de que comenzaran los servicios, él oyó acerca de mi ministerio y envió a alguien por mí. ¡Yo estaba asombrada de que siquiera supiera mi nombre! Con ochenta y cinco años, el hermano *Schambach* estaba confinado a una silla de ruedas, así que lo conocí a él y a su hija en un salón afuera de su habitación de hotel.

Mientras recorría el camino hacia el hermano, él comenzó a reírse y dijo: "¡Yo la conozco!". Dios trajo a su memoria nuestro encuentro años atrás cuando él oró por mí en *Fresno*. Le pregunté: "Hermano *Schambach*, ¿realmente cree las palabras que habló sobre mi vida, que voy a predicar a las naciones del mundo? Me resulta difícil de creer. He estado en muy pocos lugares". Él respondió: "Sí, creo esas palabras. Usted va a ministrar alrededor de todo el mundo. Mucha gente recibirá palabras proféticas y será sanada debido al llamado en su vida". ¡Y cada una de las palabras proféticas del hermano *Schambach* "acontecieron"! Con los años, después de ese encuentro, he ministrado por todos los Estados Unidos y Canadá, en Europa, Asia y África. Dios es por siempre fiel a Su Palabra para nosotros.

"Y aconteció".

Mientras estuvimos juntos esa tarde, el hermano *Schambach* me bendijo con sus propias copias de libros y videos de *A. A. Allen*, el ministro ungido de sanidades. Me fui de esa reunión todavía asombrada por lo que acababa de suceder. Entonces, recordé las palabras del ángel acerca de que Dios abriría las puertas y ministros famosos que yo no conocía me conocerían a mí primero. ¡"Y aconteció" otra vez! Unos pocos meses después, el hermano *Schambach* partió con el Señor. Estoy tan agradecida de haberlo podido conocer un poquito antes de que partiera. Reunirme con él tuvo un gran impacto en mi vida y en mi futuro ministerial.

RALPH Y ALLENE WILKERSON

Una de las mayores bendiciones de aquellos primeros días de ministerio con *Benny Hinn* fue conocer a mis queridos amigos *Ralph* y *Allene Wilkerson*. Ellos eran los pastores fundadores del *Melodyland Christian Center (Centro Cristiano Tierra de Melodía)* en la década de los años setenta. Originalmente, *Melodyland* era un gran teatro musical cerca de *Disneyland* en *Anaheim, California*, y que Dios guió a los *Wilkerson* a convertir en una enorme iglesia carismática y escuela de ministerio. El Espíritu Santo bendijo a cientos de miles de personas a través del ministerio que resultó de la obra de los *Wilkerson* allí.

Conocí a *Ralph* cuando ministrábamos juntos una noche de lunes, en una reunión de oración en el estudio de *Benny Hinn* en el Sur de California. En nuestra primera reunión, *Ralph* me saludó con estas palabras: "¡Te he estado esperando por años! Dios me dijo: 'Te envío una mujer de *California* que conoce mi poder sanador. Ella va a tener un gran ministerio de sanidad en el mundo'". A partir de esa noche, nos hicimos grandes amigos, y él se convirtió en mi mentor, me enseñó muchísimo acerca del poder del Espíritu Santo para el ministerio. Su familia era cercana a mi corazón. Fue un ejemplo genuino de las palabras de David en Salmos 133:1: "¡Mirad cuán bueno y delicioso es habitar los hermanos juntos en armonía!".

TESTIMONIOS "Y ACONTECIÓ"

"Un domingo, después de que la hermana *Glenda* predicara un mensaje para nosotros en el *Foundation of Truth in Christ* (*Ministerio Fundamento de la Verdad en Cristo*), ella fue a almorzar con mi familia y un grupo de gente de la iglesia. Una mujer que estaba sentada en la mesa contigua a la de *Glenda* estaba haciendo muchas preguntas acerca de la profecía, de cómo la hermana *Glenda* oía del Señor y cómo acontecían las palabras proféticas.

Después de unos minutos, la hermana *Glenda* se volvió a ella y dijo: 'El año próximo, para esta época, tendrás una hija'. La mujer de la iglesia se molestó. Un poco más tarde, ella habló conmigo y me dijo: 'Pastor, ¡eso no es lo que yo quería de ella! Yo solo quería saber más acerca de la profecía. Estamos demasiado ocupados para tener otro hijo. Ya tengo tres varones. ¡Eso no es lo que yo estaba buscando cuando hablábamos!'. Mi respuesta fue: 'Mira, tú le estabas preguntando acerca de las palabras proféticas, y eso es lo que el Espíritu Santo le dijo a ella'. ¡Y aconteció exactamente como la hermana *Glenda* profetizó! La niña nació un año más tarde. Ahora tiene siete años y es la bendición de su familia.

Un par de años más tarde, estábamos pasando muchas luchas financieras en la iglesia. Teníamos algunas deudas para mantener el edificio y otros costos ministeriales. La hermana *Glenda* estaba en la iglesia para otro tiempo de ministración, y yo le pedí que orara conmigo. Sus palabras me dieron grandes esperanzas. Ella dijo: 'Pastor, es su tiempo de ser bendecido por Dios. El Señor está enviando a alguien para ayudarlo con sus necesidades económicas'. Poco después, un hombre comenzó a asistir a nuestra iglesia. Era un empresario. Y un día, me preguntó: 'Pastor, ¿cuánta deuda tiene la iglesia? ¿Cuánto costaría liberarla de deudas? Maravillado por tal pregunta, le respondí: 160.000 dólares. Entonces, él me firmó un cheque ese día por tal cantidad, ¡y la carga económica de la iglesia fue alivianada! ¡Alabado sea Dios, la palabra aconteció!".

—*Pastor Armen Takhmizyan*

JESÚS SE APARECIÓ ANTE MÍ Y DIJO:

"YO QUIERO QUE CAVES LOS POZOS DE TU

TÍA BISABUELA MARIA WOODWORTH-ETTER.

YO TE DOY EL MANTO DE TU TÍA BISABUELA.

VAS A COMENZAR A ABRIR LOS POZOS DE AVIVAMIENTO

COMO ELLA LO HIZO.

VAS A REABRIRLOS Y A LLEVAR EL AVIVAMIENTO

A LAS NACIONES DEL MUNDO".

9

REABRIR LOS POZOS

*"Entonces el Señor dijo a Pablo **en visión** de noche:*
No temas, sino habla, y no calles".
—Hechos 18:9

Una noche el Señor me habló en otra visión. Vi a un hombre cavando viejos pozos que se habían llenado con arena y tierra. En mi espíritu, supe que era Isaac, el hijo de Abraham, cavando los pozos que habían sido tapados por los enemigos de Israel.

"Y volvió a abrir Isaac los pozos de agua que habían abierto en los días de Abraham su padre, y que los filisteos habían cegado después de la muerte de Abraham; y los llamó por los nombres que su padre los había llamado" (Génesis 26:18).

Isaac cavó los pozos con el fin de que el agua pudiera fluir para el pueblo otra vez. Jesús se apareció ante mí y me dijo: "Quiero que caves los pozos de tu tía bisabuela *Maria Woodworth-Etter*. Yo te doy el manto de tu tía bisabuela y vas a comenzar a abrir pozos de avivamiento como lo hizo ella. Vas a reabrirlos y a llevar el avivamiento a las naciones del mundo".

¡El manto de mi tía bisabuela! Esta era una gran honra para mí. Pensaba en las similitudes entre mi vida y la de *Maria Woodworth-Etter*. Ambas nacimos con el apellido *Underwood*, por supuesto, y de una familia con cuatro hijos, pobre y de padres campesinos. Dios nos llamó al ministerio a temprana edad, pero tontamente nos casamos con hombres incrédulos que destruyeron nuestro matrimonio y casi destruyen nuestro ministerio. Renovamos nuestro llamado en Cristo, nos casamos con hombres temerosos de Dios que amaban al Señor y a nosotras, y fuimos usadas para llevar el evangelio a miles en el nombre de Jesús. *Maria* lo hizo en sus reuniones bajo carpa, mientras que yo tuve el privilegio de alcanzar a miles a través de reuniones presenciales por televisión e Internet. ¡Ahora el Señor me pedía que reabriera los pozos de mi tía y llevara el avivamiento al mundo!

En el tiempo en que tuve esta visión me estaba quedando en casa de *David* y *Ronda Ramer*, pastores principales de *Glory Fire Church* (*Iglesia del Fuego de Gloria*) en Lake Mary, Florida. Ellos son queridos amigos y poderosos ministros que se mueven en lo profético y predican con la autoridad espiritual que viene solo de Dios. Ellos me invitaron a predicar un avivamiento en su iglesia y a quedarme en su casa por una temporada. En mi habitación en esa casa tuve la visión de Jesús dándome el manto de mi tía. Invité a los *Ramer* a compartir parte de nuestra historia:

"Hubo muchas señales y maravillas durante la estadía de la profetisa *Glenda* en nuestro hogar. Tarde durante las noches, y bien avanzada la madrugada, podíamos oír a *Glenda* a través de las paredes intercediendo por muchos pastores y amigos, algunos de las reservas nativo-americanas, otros de ministerios más recientes. Ellos la llamaban día y noche para pedirle consejo u oración de sanidad. La hermana *Glenda* oraba, profetisaba y hablaba palabras de aliento en voz alta sobre ellos cada vez que surgía la necesidad. Luego, ella reportaba las muchas respuestas a las oraciones.

Esto se convirtió en un patrón en nuestra vida, ya que *Glenda* recibía palabras proféticas claras para la gente de nuestra iglesia también. *Glenda* es una profetisa ungida con un don para moverse en fe extrema; aprendimos que este era un estilo de vida al que ella se había acostumbrado. Escuchamos las historias de Dios moviéndose en sanidades y milagros en las reservas de nativo-americanos y en otras iglesias. El nivel de fe en nuestra casa crecía sin cesar y la gente comenzó a sentirlo cada vez que nos visitaba".

UNA UNCIÓN DE PROFETA

Continúan los *Ramer*:

"El poder de Dios siempre estaba presente en la habitación de *Glenda*, aun cuando se volvió a *California* después de su estadía con nosotros. Ella pasaba horas en su habitación intercediendo y profetisando para los líderes alrededor del mundo. Dios le daba palabras de ciencia que acontecían, en muchos casos, de manera instantánea. Creemos que la hermana *Glenda* dejó un depósito espiritual en nuestra casa, especialmente en su habitación. Desde que ella se fue, pastores y evangelistas de otras naciones se han alojado en esa misma habitación y muchos de ellos han experimentado una actividad sobrenatural, dones de revelación y encuentros con ángeles.

Mi cuñado vivió con nosotros por un corto periodo, poco después de que *Glenda* se fuera. Él tenía un severo caso de psoriasis en una de sus piernas. Después de dormir en la misma cama donde la profetisa *Glenda* había pasado tantas noches intercediendo, él fue milagrosamente curado. Una mañana se despertó y anunció entusiasmado: '¡Miren, mi psoriasis desapareció!'. ¡Fue un milagro de Dios!

Un par de años más tarde, una querida amiga nuestra llamada *Judah*, una líder de alabanza, voló desde Corea del Sur para una conferencia y pasó la semana en nuestro hogar. De igual manera, ella durmió en esa misma habitación donde *Glenda* había orado, intercedido y profetisado.

Apenas comenzada la semana, *Judah* estaba planchando un vestido para usar en la iglesia, y accidentalmente dejó caer la plancha caliente sobre su pierna. Se hizo una herida bastante profunda. Ella la vendó, pero no quiso ver un médico ni ir al hospital. Pasaron varios días antes de que nos dejara saber lo grave que era la quemadura. Cuando finalmente vimos la herida, nos pareció una quemadura de segundo o tercer grado. Durante la noche, ¡un milagro ocurrió! Después de dormir en la antigua cama de *Glenda*, *Judah* se levantó a la mañana siguiente y su herida había desaparecido. ¡Era como si tuviera la piel nueva de un bebé en lugar de la herida! ¡Estaba completamente sana!

Sabemos que todavía hay una 'unción de profeta' en nuestra casa gracias a la estadía de *Glenda* con nosotros. Todo el que ha venido de visita reconoce el Espíritu de la paz de Dios en la atmósfera. *Glenda* sigue siendo una amiga cercana y querida hasta hoy. Le damos gracias a Dios por el tiempo que vivió en nuestro hogar, porque dejó una increíble impresión sobre nosotros de lo que es el cielo en la tierra. Ahora tenemos la oportunidad de compartir esa bendición con otros".

LA HONRA A LOS GENERALES DE TIEMPOS ANTIGUOS

Dios tenía muchas citas divinas para mí en los dos años que viví con los *Ramer*, en Orlando. Una cita divina fue en una conferencia especial para los parientes de los grandes generales espirituales del movimiento pentecostal. *Richard Shakarian* estaba allí para honrar a su padre, *Demos*; *Donna Schambach* estaba allí por su padre, *R. W.*; uno de los parientes de *A. A. Allen* estaba presente; *Jack Coe Jr.* estaba allí por su padre, *Jack Sr.*; y yo tuve el honor de representar a mi tía bisabuela, *Maria Woodworth-Etter*.

El anfitrión de la conferencia era el *Dr. Peter Gammons*, un evangelista británico de Londres. Yo lo había conocido cuando estaba con *Richard Shakarian* en el *FGBMFI*, la convención en *Orlando*, un par de años atrás. Tan pronto como nos presentaron, el Espíritu Santo comenzó a agitarse dentro de mí. *Peter* no le había dicho a nadie, pero estaba a punto de dejar el ministerio para abrir un zoológico para animales exóticos y especiales en Londres. ¡El Señor me dio una fuerte palabra para él! Exclamé: "¡Peter!, el Señor te dice: '¡Yo no te llamé a ser Noé! ¡Yo te llamé a predicar mi evangelio! ¡Arrepiéntete y vuelve a mi Palabra!'". Apenas pronuncié estas palabras, el Espíritu Santo vino sobre él y *Peter* cayó al suelo. Él no le había dicho absolutamente a nadie acerca de sus planes, así que sabía que Dios le estaba hablando. Ese día se arrepintió y renovó su compromiso de predicar el evangelio con todo su corazón.

En ese mismo momento, el Señor me dio una palabra profética acerca del ministerio futuro de *Peter Gammons*. "*Peter*, Dios me ha dicho que Él te dará Londres". Eso fue todo lo que Dios dijo acerca del tema. Hoy, *Peter* sigue ministrando para Dios en Londres, Inglaterra. Pero, además, el Señor lo ha llamado específicamente a la arena política, y hoy día es candidato a gobernador de Londres. Desde esa plataforma, *Peter* está llevando la verdad de los valores y principios de Dios al pueblo de esa gran ciudad. Ya sea que gane esta elección u otra en el futuro, Dios le ha dado a *Peter Gammons* el oído de la ciudad de Londres, ¡tal como lo prometió!

¡PROFECÍA CONFIRMADA!

Poco después de esa conferencia, el evangelista *Jack Coe Jr.* y yo estábamos predicando en un avivamiento en *Glory Fire Church* (*Iglesia Fuego de Gloria*) en *Orlando*, cuando conocí a un amigo suyo, *Tracy Allen Cook*, un evangelista de *Carolina del Norte*. Esa fue una verdadera cita divina de Dios. *Tracy* y yo hemos tenido una relación ministerial especial desde entonces. Él me alienta en mi vida, y yo he tenido el privilegio de profetisar sobre él y ser su mentora. Me gustaría que *Tracy* contara nuestro primer encuentro:

"Conocí a la profetisa *Glenda Jackson* en *Orlando, Florida*, donde ella iba a hacer unas reuniones llenas del Espíritu junto con *Jack Coe Jr.* Yo era un evangelista ambulante en *Carolina del Norte*, con un ministerio profético que apenas comenzaba. La llamo 'Mamá Jackson' porque ella ha hablado palabras proféticas maravillosas sobre mi vida y ministerio, todas las cuales han acontecido. Mamá Jackson entró en la iglesia aquella noche y me vio enseguida. Nunca nos habíamos conocido; pero ella vino hacia mí y comenzó a profetisar acerca de mi ministerio. Dijo: 'Dios me dio una palabra para ti. Puedo ver el ministerio que Él proclamó sobre tu vida'. Glenda no tenía idea de quién era yo ni nada acerca de mí, pero comenzó a decirme lo que Dios me había llamado a hacer. Sus palabras confirmaron todo lo que el ángel del Señor me había dicho a mí, siendo que ella no tenía manera alguna de saberlo.

Tan pronto yo nací de nuevo, la Palabra de Dios para mí fue que sería un profeta a las naciones; que iba a evangelizar y profetisar sobre muchos. Mamá Jackson confirmó esto con sus primeras palabras. Ella profetizó que yo hablaría en cruzadas mayores en los Estados Unidos y alrededor del mundo. Declaró que tendría la unción para ministerios como el de *William Branham* y *R. W. Schambach*. Mamá Jackson profetizó que estaría de pie en el mismo lugar que *William Branham*. Y aconteció que fui invitado a predicar en el mismo lugar, en *Sam Houston Coliseum*, en *Houston, Texas*, donde se había tomado la famosa fotografía de *William Branham* con un halo de luz sobre su cabeza. Tuve la oportunidad de predicar allí con señales y maravillas. *Branham* tenía un don de palabra de ciencia y el Señor pasó algo de su manto a mí. También fui mentoreado por *R. W. Schambach* en sus últimos años. Cuando él murió, yo recibí algo de esa unción. ¡Alabado sea Dios, esas profecías de Mamá Jackson acontecieron!

Otra profecía de ese día fue que conocería a *Sid Roth* y pasaría a ser un consejero espiritual en su ministerio. Un par de años pasaron y Mamá Jackson estaba al teléfono con *Sid Roth*. Él le preguntó si ella conocía a alguien más que se moviera en el ministerio profético, y ella respondió de inmediato: 'Sí, *Tracy Cooke*'. Ella nos conectó y el Señor me dio palabras de ciencia proféticas relativas a ciertas cosas que estaban pasando en su ministerio. A partir de ese día, he estado en su programa *It's Supernatural!* (¡Es sobrenatural!) más de una docena de veces. Tengo la bendición de ser un intercesor dedicado y un consejero espiritual para el ministerio de *Sid Roth*. 'Y aconteció'.

En los últimos años, Dios me ha permitido ministrar en algunas de las plataformas cristianas más grandes del mundo, viajar con ministerios como el del apóstol Guillermo Maldonado de *King Jesus Christ International Ministries (Ministerio Internacional El Rey Jesús)*. He predicado en cruzadas en Honduras, Trinidad, Filipinas, Noruega y tantos otros países. Ministrar en todo el mundo no es una oportunidad para jactarse; es un testimonio de lo que Dios ha hecho a través de mi vida, un pequeño evangelista de *Carolina del Norte* con un ardiente deseo de ser usado poderosamente en el reino de Dios y para Su gloria. Y Él usó a la profetisa *Glenda Jackson* para confirmar Su palabra en cada paso del camino".

¡LIBRADA DE LAS PUERTAS DE LA MUERTE!

Mientras todavía estaba en *Orlando*, el pastor *Ramer* alquiló un gran edificio para un avivamiento; yo compartía el tiempo de prédica con otro ministro. *Tracy Cooke*, quien todavía estaba en Orlando, vino a la reunión. Mientras la congregación escuchaba al otro ministro, *Tracy* y yo estábamos de pie cerca de la puerta del frente cuando una mujer fue traída en camilla dentro de la iglesia. En lugar de llevarla al servicio principal, los ujieres ayudaron a su esposo a llevarla a una sala contigua donde podríamos orar por ella. Nadie más en la iglesia sabía que estábamos en esa sala. Se enteraron más tarde.

Era dolorosamente obvio que esta dulce mujer estaba en su lecho de muerte. Estaba muriendo de cáncer. Ella era solo piel y huesos. Mientras luchaba para respirar, nosotros apenas podíamos oír su voz. Le pregunté a su esposo: "¿Usted cree que el Señor la puede sanar?". Él respondió: "Si no lo hiciera, no la hubiera traído aquí". Así que Tracy se arrodilló cerca de sus pies y yo me arrodillé cerca de su cabeza y oramos. Dios me dio una palabra de ciencia acerca del origen de ese cáncer. Oramos por eso; y luego reprendimos al cáncer en el poderoso nombre de Jesucristo.

Cuando vi a Jesús de pie cerca de su cabeza, supe que ella había sido sanada.

Muchas veces Dios me muestra a Jesús parado junto a una persona por la que estoy orando, y entonces sé que la sanidad de la persona está sucediendo. Su esposo la llevó a casa. Solo un poco más tarde, *Tracy* y yo recibimos la noticia de que estaba completamente sana; que estaba recuperando peso, cocinando y haciendo las compras otra vez. "Por la misericordia de Jehová no hemos sido consumidos, porque nunca decayeron sus misericordias […] grande es tu fidelidad" (Lamentaciones 3:22-23).

DIOS MIRA EL CORAZÓN

Otra cita divina en *Orlando* fue también un cambio de vida. El ángel del Señor realmente iba delante de mí haciendo las conexiones donde Dios quería usarme. Durante la conferencia que el *Dr. Peter Gammons* había organizado, ¡conocí al evangelista Sid Roth, autor y anfitrión cristiano del programa de televisión It's Supernatural! (¡Es sobrenatural!) Después de hablar, me pidió que orara por él. Cuando impuse mi mano sobre su pecho para orar, él dijo que sintió que un golpe de electricidad recorrió su cuerpo. Fue como si la mano de Dios lo levantara y lo depositara en un asiento del otro lado del pasillo. También profeticé sobre *Sid Roth*. Dios dijo que Él iba a abrir el mundo entero para Sid, de modo que el evangelio del poder sobrenatural saliera y fuera más allá de lo que había ido antes. Dios iba a abrir una puerta para que los programas de Sid fueran vistos regularmente en Israel y Rusia.

"Y aconteció".

No mucho después de esa reunión, *Sid Roth* se puso en contacto conmigo para aparecer en *It's Supernatural!* (¡Es sobrenatural!) por primera vez. Compartí el testimonio de mi familia, los tremendos milagros de Dios y el llamado de Jesús sobre mi vida. ¡Qué bendición saber que mi amor por Jesús y las valientes palabras que Él me había dado estaban saliendo al mundo a través de las ondas televisivas!

Quiero que sepas que mis palabras proféticas para *Sid Roth* o cualquier otro ministerio no tienen nada que ver con su estatura o fama. Dios me dijo, desde el principio mismo, que Él no miraba la imagen externa de estos ministerios, así como no había considerado la apariencia externa cuando escogió a David para ser rey de Israel. Dios mira el corazón (ver 1 Samuel 16:6-7). Él me dijo años atrás: "Yo te revelaré el corazón y sus motivos". Ha habido tiempos en los que he hablado palabras de corrección sobre ministerios cuando Dios me ha llamado a hacerlo. Nunca quiero hablar una palabra falsa sobre nadie. Es la visión de Dios y Sus palabras para cada uno de ellos. La verdadera profecía revela el corazón y lo que sucede dentro del mismo. No podemos esconder el corazón del verdadero profeta.

TESTIMONIOS "Y ACONTECIÓ"

"*Glenda* y yo hemos sido amigas por muchos años. Nos conocimos en una conferencia para mujeres en California en la década de los noventa. En aquel tiempo, *Glenda* me dio una palabra profética de que el Señor me mudaría fuera del estado y me daría una maravillosa casa. Ella podía verla escondida entre el bosque, detrás de unos hermosos árboles. Me decía que yo la iba a amar y que sería un lugar de descanso y paz. Y pensé que aquello era algo bueno. Los años pasaron rápidamente. Dos décadas más tarde, me encontraba en una encrucijada de vida. Mi esposo y yo pensamos que era tiempo de dejar *California*, pero no teníamos idea de adónde debíamos mudarnos. Yo había compartido el evangelio por años, pero no sabía dónde quería el Señor usar mis dones.

En ese tiempo, *Glenda* nos estaba visitando en *California*, así que le pedí que orara por mí. Una cosa es cierta acerca de *Glenda Jackson*: ella es un león valiente cuando el Señor le da una palabra para alguien. Tan pronto como comenzamos a orar, se detuvo y exclamó: '¡*Vickie*! Dios te está llamando a *Oregón*. ¡Tienes que ir! ¡Si no vas ahora, no irás!'.

Glenda fue osada y firme. Mientras ella hablaba, la presencia del Señor llenó la habitación. Parecía que el Espíritu Santo estaba realmente en la habitación con nosotras. Soy originaria de *Oregón*, y mi esposo y yo habíamos estado considerando esa dirección. Sentí el testimonio en mi espíritu de inmediato; las palabras de *Glenda* eran de Dios. Esa era la decisión correcta.

Cuando mi esposo y yo nos mudamos a *Oregón* encontramos la casa perfecta para nosotros: estaba sobre una hermosa colina, tan metida entre los árboles que no podías verla desde el camino. Está ubicada en una tierra que amamos y estamos en paz allí. Después de que nos mudamos a la casa, miré alrededor y exclamé: 'Querido Señor, esta es la casa que *Glenda* profetizó hace tantos años atrás. Tu tiempo no es el nuestro, Señor, pero siempre es perfecto. ¡Gloria a Dios!

Unos meses después de mudarnos se abrieron las oportunidades para predicar en iglesias de nuestra área. En un mes prediqué tanto en una iglesia presbiteriana como en una de las Iglesias de Dios. ¡Eso era el Espíritu Santo! Él estaba abriendo puertas para ministrar a muy diversas congregaciones con la verdad y el poder de Su Palabra. Como diría *Glenda*, ¡toda la gloria es para Dios!

Volver a *Oregón* también significaba que estaría más cerca de mi hijo, *Malcolm*, que vivía allí con su joven esposa, *Rosey*. Yo tenía una nieta, una pequeña niña que ellos habían adoptado un par de años atrás. Ellos no habían podido tener hijos propios. Un día, *Rosey* tuvo una cirugía de emergencia por apendicitis. Cuando la llevaron al quirófano, los médicos descubrieron que tenía problemas en su sistema reproductivo. Tenía lo que se llama 'cuerno uterino' y su trompa de Falopio no estaba adherida a su útero. Incluso después de reparar la trompa y de tratar de limpiar una extensa endometriosis, los médicos le dijeron que era muy difícil que pudiera quedar embarazada. Y que, si quedaba embarazada, era probable que no pudiera llegar a término.

En este punto, acudí a *Glenda* y le pedí que comenzara a orar por *Malcolm* y *Rosey* y su infertilidad. Después de unos minutos en oración, *Glenda* profetizó: '*Rosey* ya está embarazada de un varón. Y su nombre será *Samuel*'. Yo sabía que *Glenda* nunca compartía algo que Dios no le hablara, así que me regocijé con esta noticia. Pero no la compartí con *Malcolm* y *Rosey*. Creo que tenía miedo de esperanzarlos".

Rosey está ansiosa por contar el resto de la historia:

"Unos meses después de la cirugía, fui a la oficina del doctor con noticias de sorpresa. ¡Estaba embarazada! El doctor quedó sorprendido y emocionado por nosotros. Dado que yo estaba cerca de los cuarenta, insistió en que me realizara una amniocentesis para descartar el Síndrome de Down. Pero yo sabía que Dios nos había dado el regalo de la vida y no necesitaba una prueba para evidenciarlo. Los resultados no habrían importado. Tuve un embarazo fácil, con solo dos inconvenientes menores, dolor de espalda y pies apenas hinchados. Llevé a nuestro precioso bebé casi a término, y es perfecto. *Malcolm* y yo decidimos llamarlo *Samuel*. No sabíamos nada de la profecía de *Glenda* que anunciaba que tendríamos un hijo y que lo llamaríamos *Samuel* hasta después de que había nacido y ya lo habíamos registrado. ¡Fue el final perfecto para nuestro bebé milagro del Señor!".

—*Vickie Flores*

DIOS QUIERE USAR A SUS HIJOS EN LA TIERRA.

ÉL BUSCA EN CADA SERVICIO Y PREGUNTA:

"¿QUIÉN ESTÁ RECIBIENDO MI PALABRA HOY?

¿EN QUIÉN PUEDO DEPOSITAR MI ESPÍRITU HOY?

¿QUIÉN ME ESTÁ CREYENDO?

VOY A USARLOS Y VOY A HACER MILAGROS

A TRAVÉS DE ELLOS POR MI MANO".

10

AVIVAMIENTO ALREDEDOR DEL MUNDO

"Porque no hará nada Jehová el Señor,
sin que revele su secreto a sus siervos los profetas".
—Amós 3:7

Cuando Dios nos da una palabra, Él la cumple en Su propio tiempo. No pasó mucho para que, mientras ministraba en *Fire Conferences* (*Conferencias de Fuego*) e iglesias de *Full Gospel* (*Evangelio Completo*) en los Estados Unidos, Dios comenzara a cumplir Su palabra profética acerca de abrir los pozos de avivamiento para mí alrededor del mundo. Jesús envió a Sus discípulos de dos en dos, así que yo necesitaba una compañera de viaje que fuera de una misma mente en lo espiritual y una poderosa guerrera de oración: la pastora *Barbara Bennett*, ¡mi preciosa amiga de la Reserva *Hung-a-lel-ti*, en *California*! No podía haber otra mejor. Barbara y yo habíamos permanecido en contacto cercano desde la muerte de *Jimmy*. Ella y su esposo, *Willard*, oraron acerca de la decisión y el Señor les dio la confirmación para que ella se uniera a mí en mis viajes. ¡Ambas estábamos muy entusiasmadas!

Una de las primeras invitaciones fue de una preciosa hermana llamada *Zaira* para predicar un avivamiento en su iglesia de *Full Gospel* (*Evangelio Completo*) en la isla de *St. Croix*. *Zaira* y su esposo eran líderes ministeriales de la iglesia. Con una maravillosa hospitalidad se ocuparon de los costos de vuelo para *Barbara* y para mí, y abrieron su hogar para alojarnos. La vibrante congregación estaba conformada en su mayoría por descendientes de esclavos de las Islas Vírgenes. ¡Ocurrieron tantos milagros durante aquel avivamiento gracias a la poderosa fe de aquella gente!

La primera noche, una hermosa y joven pareja veinteañera vino a pedir oración. La esposa había sido víctima de un incendio, así que el esposo la cargó cuidadosamente hasta la iglesia y la puso en el asiento del frente. Mientras yo oraba en el Espíritu, las células de su piel comenzaron a cambiar y a sanar justo delante de nuestros ojos. Día tras día la vimos mejorar mientras el Señor restauraba las células de su piel.

Otra noche, estaba predicando cuando un hombre ciego entró a la iglesia. El Señor me habló claramente y me dijo: "Quiero que impongas tus manos sobre él; quiero abrir sus ojos". Yo obedecí en el nombre de Jesús y ¡Dios lo hizo! A la siguiente noche, él entró corriendo a la reunión, gritando que podía ver. Después de eso, un poderoso avivamiento se desató en esa iglesia de *St. Croix*.

Un médico de la congregación llevaba un récord de cada sanidad milagrosa que sucedía durante nuestro tiempo allí. Diez pacientes en su práctica habían sido diagnosticados con diabetes; pero después de orar por ellos, él les hizo una prueba para ver sus niveles de azúcar en sangre y ¡todos habían sido sanados! Nos mostró los exámenes con la prueba de su sanidad. Durante el avivamiento, las almas fueron salvas y mucha gente recibió el bautismo en el Espíritu Santo. ¡Hubo muchos momentos "Y aconteció" para el pueblo de Dios allí!

UN MILAGRO CREATIVO

St. Croix es tan hermoso que quita el aliento. *Zaira* nos llevó varias veces en auto para mostrarnos su isla. La madre de *Zaira*, que estaba diagnosticada con Alzheimer en grado terminal, siempre nos acompañaba. Ella nunca hablaba ni hacía contacto visual con nosotras; se veía tan mal como se podía estar ya que su mente no estaba bien. Pero eso es un espíritu. No necesitamos esa clase de espíritus en nuestros seres queridos. El Señor me dijo que profetisara y orara por ella. La Escritura en la que me basé fue 2 Timoteo 1:7, donde Pablo le explica a Timoteo que Dios nos ha dado poder, amor y un sano juicio. Dije: "Así dice el Señor: ¡Deja que ese espíritu de Alzheimer salga ahora! ¡Recupera el sano juicio!". La madre de *Zaira* fue sana, salva y llena con el Espíritu Santo, y se convirtió en la mejor obrera en esa iglesia.

Zaira estaba tan feliz. Me dijo: "Gracias por devolvernos a nuestra madre". Yo le respondí de inmediato: "No, Jesús lo hizo". Hablé luego con un médico en *California* que me dijo que su sanidad de Alzheimer fue un milagro creativo, ¡que su cerebro había sido regenerado! Nunca subestimes el poder y el amor de Dios.

PODER ESPIRITUAL CONTRA EL ENEMIGO

Al año siguiente, el presidente de *Full Gospel Business Men's Fellowship* en Alemania me invitó a predicar en su reunión anual en Berlín. Barbara y yo volamos desde *California* el Día de Acción de Gracias. Dios me permitió ver la vida de las personas y su necesidad de abrir el corazón al amor y poder del Señor. Nos quedamos en la casa de una de las líderes. Cuando nos llevaron a visitar el sitio del antiguo Muro de Berlín, me paré en lo que pudo ser el borde entre Alemania del Este y Alemania del Oeste; donde tanta gente había sido asesinada tratando de cruzar del comunismo a la libertad. Si bien hacía años que el Muro había caído, me paré en ese borde y hablé hacia el Este, en la atmósfera espiritual, para derribar las palabras de odio de Hitler ¡en el poderoso nombre de Jesús!

Hay ocasiones en que los demonios desafían la prédica. Una joven vino a un servicio de la iglesia vestida con un viejo uniforme alemán. Durante el mensaje, ella se paró en el pasillo y comenzó a marchar como un soldado alemán nazi, hacia delante y hacia atrás del pasillo de la iglesia. Proclamé liberación sobre ella y paz del Espíritu Santo. Entonces se calmó y fue ministrada por los ujieres.

Nunca se sabe cuándo el enemigo tratará de interferir con la obra del Señor. Cuando no estaba ministrando, la mayor parte del tiempo la pasaba ayunando y orando para que el Señor abriera mis ojos y oídos a lo que Él quería decirle a la gente y lo que quería hacer por ella. Siempre quiero que el enfoque de mi vida y ministerio sea Jesucristo y la guía del Espíritu Santo. Sin Jesús no soy nada. Con Él puedo hacer todas las cosas, por medio de Cristo que me fortalece (ver Filipenses 4:13).

Cuando no estábamos en el extranjero, yo viajaba a través de los Estados Unidos y Canadá. Ministraba con el ministerio de *Benny Hinn* en una *Fresh Fire Conference* (*Conferencia del Fuego Fresco*) llamada *The Oasis of Hope* (*El Oasis de Esperanza*) en *Bethel Church* (*Iglesia Betel*), en *California*. Hice varias visitas a las provincias de Canadá. *Barbara* viajaba conmigo a *Edmonton, Alberta*, para una reunión de campamento en *Saddleback Reservation of the Cree* (*Reserva de Nativos en Saddleback*). Parecía que estaba de vuelta en mi hogar, en las dulces reuniones de campamento en *California*. También tuve el privilegio de ministrar en el poder del Espíritu Santo en una iglesia donde mi tía bisabuela había profetisado cien años atrás. ¡Oh, la gracia y la misericordia de Dios!

EL PODER DE DIOS EN UCRANIA

En septiembre de 2015, Barbara y yo volvimos a nuestros viajes al extranjero. Volamos a Ucrania por dos semanas de ministerio. Dios se movió poderosamente en ese país tan especial. Fuimos invitadas por una pareja de Dakota de Norte que había comenzado una obra cristiana allá. La gente estaba muy abierta a nosotros y al mensaje del amor y la salvación de Dios. De todas maneras, pasé muchas horas en ayuno y oración.

Los espíritus antiguos de la región estaban al ataque. Yo podía oírlos preguntando: "¿Qué están haciendo aquí en nuestro territorio?". Ellos no querían que yo invadiera su dominio demoniaco de guerra, opresión y pobreza. La gente estaba muy cansada de la guerra en su nación y anhelaba escuchar acerca de la gracia salvadora de Jesucristo. Muchos judíos ucranianos también llegaron a nuestras reuniones.

Pasamos tiempo en la capital, la ciudad de *Kiev*, a unos pocos kilómetros del área del desastre atómico de *Chernobyl*, y otros días en las aldeas agricultoras. Le doy gracias a Dios por tener a *Barbara* a mi lado, una poderosa guerrera de oración que intercede conmigo para que el Espíritu de Dios se mueva con señales y maravillas; me apoya en contener al enemigo en esta guerra espiritual. Quiero que *Barbara* comparta algunos de los milagros que vimos en Ucrania:

"Viajamos en auto y en avión por todo el país. Cuando estábamos en las áreas agrícolas, conocimos a estas dulces abuelitas con sus pañuelos atados debajo del mentón. Ellas me recordaban a nuestras abuelitas nativo-americanas en las reservas que tanto amaban a Jesús. Las abuelas ucranianas amaban a *Glenda* y siempre trataban de acercarse a ella solo para tocarla. Muchas pasaban al altar con lágrimas de gozo rindiendo sus vidas a Jesús. Nosotras hablamos del amor de Dios hacia ellas a través de un traductor, y les mostramos Su amor con nuestros hechos. Las abuelitas fueron salvas, así como los adultos y niños de todas las edades. El mensaje de salvación les dio esperanza en un mundo oscuro. Vimos muchos milagros allí también.

Una noche, una mujer de unos cuarenta años vino a la iglesia con su madre en silla de ruedas. La madre estaba muriendo de cáncer cervical y estaba muy débil para moverse. Glenda impuso sus manos sobre ella y oró para que fuera sanada en el nombre de Jesús. Al siguiente día, la hija llamó entusiasmada al pastor de la iglesia para darle la noticia. Su madre había dejado la silla de ruedas y estaba limpiando la casa. En el fondo, su dulce madre repetía en ucraniano que Jesús la había sanado.

La parte más especial de nuestro tiempo en Ucrania fue que dondequiera que íbamos éramos escoltadas por jóvenes muy fuertes. Ellos estaban allí para honrarnos y protegernos, y nos acompañaban a todos lados. En una ciudad nos alojamos en un hotel de tres pisos sin ascensor. Uno de los jóvenes levantó —literalmente— a *Glenda* y la llevó a nuestro cuarto para que ella no tuviera que subir las escaleras. Eso era para honrar a aquella que estaba trayendo la luz de Dios en medio de la oscuridad. Estaban tan agradecidos por el amor de Dios. Nosotros, los norteamericanos, podemos aprender de los corazones rendidos de este hermoso pueblo. Cuando nos fuimos había en Ucrania un avivamiento en pleno, y creemos que sigue hasta hoy.

En los años que viajé con *Glenda* trataba también de proteger su tiempo y sus dones. En una ocasión tuve un sueño de advertencia para Glenda. Íbamos a comer en un pequeño restaurante con pequeñas mesas con bancos corridos (*booth*). Cuando *Glenda* y yo entramos, vimos que las mesas estaban llenas de pastores esperando para usar a *Glenda* para su beneficio, porque su ministerio podía beneficiar a sus iglesias. Entonces, yo le advertí: 'Glenda, ¡cuidado!, no todos están ministrando para la gloria de Dios'. Sin embargo, nunca tuvimos ningún problema durante aquellos años que viajamos juntas".

HAWAII

En febrero de 2016, *Barbara* y yo fuimos a *Kona, Hawaii*. Nos quedamos tres semanas y ministramos en *Upper Room Church* (*Iglesia del Aposento Alto*) con el pastor *Gary Genco* y su esposa, *Diane*. Pasé horas orando para que el Espíritu Santo ungiera nuestro ministerio allí. *Barbara* fue de tanta ayuda para mí. Y Dios fue fiel, presentándose en el poder del Espíritu Santo.

Durante un servicio por la noche, caí bajo el Espíritu y tuve una visión del Señor Jesús caminando hacia mí sobre el agua. Dijo: "Puedes recibir lo que sea que me pidas. Mis promesas son sí y amén" (ver 2

Corintios 1:20). Le dije a la gente que fuera al Señor por cualquier cosa que necesitaran. ¡Él estaba allí para responderles!

Para entonces, *Barbara* y yo habíamos viajado de ida y vuelta por cerca de cinco años. Era tiempo de tomar un pequeño descanso y pasar algún tiempo en casa. Es el amor de Dios que puso a *Barbara* en mi vida por todos esos años de ministerio, y en lo porvenir.

DE VUELTA EN CASA, EN ESTADOS UNIDOS

Recibí una llamada de un pastor en *Ohio*, llamado *Greg Barrett*, quien con su esposa *Myrna* pastoreaban *Barrett International Ministries* (*Ministerio Internacional Barret*). El pastor *Greg* había leído una gacetilla acerca de mi tía bisabuela *Maria* y había oído de mi ministerio. Los *Barrett* me invitaron a predicar a una conferencia de tres días llamada *A Sustaining Word from God* (*Una palabra sustentadora de Dios*). La conferencia era en el hotel *Hilton Garden Inn* en *Mason, Ohio,* y más de ochocientas personas asistieron con hambre de oír la verdad de la Palabra de Dios y de ver a Su Espíritu Santo moverse con poder. Después de cada sesión, la gente hacía fila para recibir profecía u oración. El Señor me dio muchas palabras proféticas para los Barrett. Dejemos que el pastor *Greg* comparta algo de lo más significativo de aquel encuentro:

"La hermana *Glenda* fue para nosotros más que una conferencista; hizo cosas que los ministros muy ocupados nunca se toman el tiempo de hacer: compartió su tiempo y dones del Espíritu Santo de una manera muy especial. La hermana *Glenda* vino a mi casa para pasar tiempo con nosotros y ministrar a nuestra familia. Ella conoció a mi hijo Gregory en la sala de nuestro hogar y le dijo palabras proféticas que fueron poderosas y afirmantes. A los veintiséis años, *Gregory* recién había salido de las calles, donde había vivido en un mundo de drogas. Él ya había pasado por diferentes programas y estaba libre de las drogas, tratando de crecer en el Señor; pero no conocía nada del poder profético de Dios.

Glenda puso su mano en el corazón de mi hijo y habló: 'Gregory, el Señor dice que tu vida va a cambiar para mejor debido a las decisiones que acabas de hacer. Después de hoy, tu vida cambiará. Te rendirás al Señor y tomarás una nueva dirección a partir de ahora. Hay un llamado sobre tu vida como el de tu padre. Dios te usará'.

Pocos meses después de esa oración, *Gregory* entró a la Escuela Bíblica para estudiar la Palabra y asentarse mejor en su fe. ¡Nosotros estábamos felices! No era nada de lo que habíamos pensado en todos esos años que fue un adicto y vivía en las calles. Fue en la Escuela Bíblica donde *Gregory* conoció a su esposa; hoy tienen dos hermosos hijos y su propio negocio pequeño. Todos a nuestro alrededor vieron cómo la vida de *Gregory* había cambiado radicalmente. ¡Las palabras proféticas habían acontecido!".

VÉRTEBRA CREADA DE NUEVO

Satanás odia que los siervos de Dios sean exitosos y lleven a Jesús a la gente que sufre en el mundo. Cuando Jesús opera a través de nosotros por el Espíritu Santo, es tal cual como lo hacía en el templo hace dos mil años atrás:

"El Espíritu del Señor está sobre mí, por cuanto me ha ungido para dar buenas nuevas a los pobres; me ha enviado a sanar a los quebrantados de corazón; a pregonar libertad a los cautivos, y vista a los ciegos; a poner en libertad a los oprimidos; a predicar el año agradable del Señor". (Lucas 4:18-19)

Estos son todos los ministerios que Satanás trata de matar, robar y destruir (ver Juan 10:10).

De vuelta en *California*, estaba yo disfrutando de un tiempo en familia después de unos meses extremadamente ocupados en el ministerio. Iba manejando con mis dos nietos adolescentes cuando un auto rojo pasó a toda velocidad y nos chocó por un costado. Nuestro auto se volcó y quedé atrapada colgando de mi cinturón de seguridad, de cabeza. Le doy gracias al Señor que mis nietos no sufrieron ninguna lesión; ellos lucharon con todas sus fuerzas para sacarme del auto. La ayuda llegó y me llevaron de urgencia al hospital con un severo dolor de espalda. Las radiografías revelaron que tenía dos vértebras quebradas en la columna. Iba a tener que quedarme en el hospital para la recuperación y hacer terapia física hasta que pudiera subir y bajar las escaleras.

Después de varios días acostada en mi cama de hospital, recibí una visita maravillosa. Mi querido amigo *Ralph Wilkerson* había oído del accidente y vino al hospital a visitarme, junto con su esposa *Allene* y su hija *Debra*. Estaba tan contenta de verlos; Ralph había sido tan buen amigo a través de los años. De inmediato, él impuso sus manos sobre mí; oró y profetizó que sería completamente sanada en el nombre de Jesús. Ese mismo día, salí de la cama y comencé a caminar.

Los médicos tomaron nuevas radiografías para revisar mi progreso y poder darme el alta e irme a casa. Imagina su sorpresa cuando descubrieron que esas dos vértebras ya no estaban quebradas; de hecho, ¡eran completamente nuevas! Las palabras exactas de los doctores fueron: "Usted tiene vértebras nuevas. No sabemos de dónde salieron". ¡Estaba totalmente sana! Después de darle las buenas nuevas a *Ralph*, su médico lo llamó un milagro creativo. Todavía conservo ambos juegos de radiografías del hospital (el antes y el después) para mostrar que la fidelidad de Dios está viva y presente en esta tierra, a pesar de los que dudan, niegan y cuestionan las promesas de sanidad divina en la actualidad.

¡Alabado sea Dios por mi amigo *Ralph Wilkerson*! Él fue un apoyo en el Espíritu Santo para mí por casi una década. Su familia se volvió mi familia. Me dio tristeza, dos años más tarde, cuando recibí una llamada telefónica para decirme que *Ralph* se había ido a casa para estar con el Señor. Él fue un gran general de Dios, lleno del Espíritu Santo y fuego. Fue mi mentor y me enseñó tantas cosas acerca del poder y la fidelidad de Dios. Una vez, me dijo: "Los dones del Espíritu Santo son para ser usados hoy; son para el consumo diario. ¡Podemos hacerlo si estamos llenos del Espíritu Santo!". Él está ahora con su gran amor, Jesucristo. Buenas noches, pastor *Ralph*; ¡lo veré en la mañana!

¡JESÚS ES EL GRAN NOMBRE!

Dios quiere usar a Sus hijos en esta tierra. Él está buscando en cada servicio, preguntando: "¿Quién está recibiendo mi Palabra hoy? ¿En quién puedo depositar mi Espíritu hoy? ¿Quién me está creyendo? Yo los usaré y haré milagros a través de ellos por mi mano". Dios quiere bendecirnos más de lo que incluso nosotros queremos ser bendecidos. He viajado por este mundo y he sido usada por Dios en muchos más lugares de los que puedo compartir aquí. Pero Dios no me ama a mí más que a ti. Dios no quiere usarme más a mí de lo que quiere hacerlo contigo. Pero tú debes tener la fe y hacerte disponible para Él.

Habrá alguien como tú a quien Dios usará para hacer Sus milagros y llevar al perdido a Su reino. Yo no soy nadie. ¿Quién tiene el gran nombre? Ningún hombre, no importa lo grande que sea su ministerio. Porque ¡Jesucristo es el gran nombre! Él tiene el nombre sobre todo nombre, y todos nos inclinaremos ante Él (ver Filipenses 2:9). ¡Ríndete a Dios en fe y deja que Él te use para Su gloria!

TESTIMONIOS "Y ACONTECIÓ"

"Mientras la hermana *Glenda* ministraba en nuestra iglesia en *Ohio*, nos dijo unas palabras proféticas a mi esposa *Myrna* y a mí: 'Dios me mostró que ustedes dos liderarán un equipo de gente para visitar Israel'. ¡¿Qué?! Nos quedamos estupefactos; ni siquiera sabríamos por dónde empezar para organizar y pagar esa clase de viaje. Realmente, nunca habíamos considerado ir a Israel, mucho menos ser responsables de liderar un grupo.

Pasaron un par de años, y un día *Myrna* y yo recibimos boletos para un concierto de *Jesus Culture* en la ciudad de *Cincinnati*, donde estarían los líderes de alabanza *Kim Walker-Smith* y *Kari Jobe*. Al final del concierto, los pastores en la audiencia fuimos invitados a pasar detrás del escenario para conocer al equipo de alabanza. De la nada, un hombre cristiano se acercó y se presentó diciendo: 'Yo organizo grupos de cristianos para hacer recorridos por Israel ¿Han considerado llevar a los miembros de su iglesia a un viaje?'. Mi esposa y yo nos quedamos sin palabras. ¿Era la palabra de la hermana *Glenda* 'aconteciendo'? Entonces, tomé el panfleto con la información, todavía preguntándome cómo Dios proveería. Pero Él proveyó para cada parte del viaje. Y justo después de Acción de Gracias de noviembre de 2018, llevamos a doce miembros de nuestra iglesia a un viaje por Israel. ¡Fuimos tan bendecidos con la experiencia, especialmente al visitar Belén! Lo que Dios había hablado a través de la hermana *Glenda* había acontecido.

Después del último día que *Glenda* predicó en nuestra conferencia, estaba exhausta, especialmente por toda la ministración de oración. Ella durmió en su habitación de hotel hasta las tres de la tarde del día siguiente. Cuando despertó, nos llamó y dijo: 'Pastor, usted y su esposa tienen que venir a mi habitación; tuve un sueño acerca de la iglesia'. Myrna y yo llegamos a eso de las cuatro y no nos fuimos hasta la madrugada. El Señor le había dado a la hermana *Glenda* un largo sueño acerca de lo que Él quería hacer dentro de nuestra iglesia. Hubo mucha palabra de ánimo, pero también nos dio una advertencia. En el sueño, ella reconocía una gente específica de nuestra iglesia a quienes había conocido ese fin de semana. Y vio a un grupo de gente que dejaría la iglesia y causaría discordia en el pueblo. También vio quiénes del grupo volverían a la iglesia e incluso traerían a otros con ellos.

Fue una palabra muy específica de Dios, y cada detalle de esta aconteció. Gracias a que había sido advertido, la iglesia no sufrió la discordia tanto como podría haber sido. Dios sigue edificándonos hasta hoy.

—*Greg Barrett*

LA VERDADERA FE NOS LLEVA PROFUNDO EN CRISTO,

PROFUNDO EN SU REVELACIÓN,

PROFUNDO EN SU GLORIA.

LA VERDADERA FE NOS LLEVA AL AHORA.

11

GLORIA DE RESURRECCIÓN

He sido bendecida con una relación ministerial con *Sid Roth* por cerca de diez años. Después de estar en su programa *It's Supernatural!* (*¡Es sobrenatural!*) en 2014, recibí invitaciones de iglesias y conferencias de todas partes para ministrar la palabra profética de Dios con señales y maravillas. La gente comenzó a reconocerme, y el nombre *Glenda Underwood Jackson* dejó de ser desconocido en el cuerpo de Cristo. Pero todo lo que yo siempre he querido es ser sellada con Su imagen y usada para Su gloria. Tal como mi padre, *C. L. Underwood*, yo no buscaba fama ni dinero; solo buscaba servir al Señor Jesús de cualquier modo posible, llevar Su verdad y ver vidas cambiadas para Su gloria.

En noviembre de 2019 tuve la oportunidad de ministrar en el programa de *Sid Roth* una vez más. El Señor le había dado a Él una palabra acerca del poder de la resurrección de Dios. *Sid* introdujo el programa diciendo: "Hay un remanente de creyentes radicales, 'hijos de la gloria', que se pararán ante la adversidad, el pecado y la enfermedad y declararán la gloria de Dios. Ellos portarán Su gloria de resurrección y desatarán señales, maravillas y milagros que el mundo nunca ha visto".

Durante la semana del programa de la gloria de resurrección enseñé cinco sesiones acerca del "Poder de resurrección de Jesús en la *Escuela* del *Ministerio Sobrenatural* de *Sid Roth*. ¡Qué tiempo glorioso tuvimos en aquellas sesiones! ¡Hay tanta verdad en el poder de resurrección de Jesús!

"YO SOY LA RESURRECCIÓN"

Jesucristo nos trae la gloria de resurrección; Él lo dice claramente en Su Palabra. La Biblia dice que cuando Jesús oyó que Lázaro estaba enfermo, Él no corrió enseguida a sanarlo. ¿Por qué? Porque el Padre le dijo que tenía una lección mayor que enseñarles a Sus discípulos y a nosotros: ¡el poder de resurrección de nuestro Señor Jesucristo!

Después de la muerte de Lázaro, Jesús llegó al pueblo de Betania, y Marta fue la primera en recibirlo. Ella estaba llorando la muerte de su hermano y definitivamente no recibió a Jesús con una declaración de fe. Este es el relato de lo que pasó en Juan 11:21-24:

"Y Marta dijo a Jesús: Señor, si hubieses estado aquí, mi hermano no habría muerto. Mas también sé ahora que todo lo que pidas a Dios, Dios te lo dará. Jesús le dijo: Tu hermano resucitará. Marta le dijo: Yo sé que resucitará en la resurrección, en el día postrero".

Entonces, Jesús dijo algo sobre lo cual podemos edificar nuestra fe: **"Yo soy la resurrección y la vida**; el que cree en mí, aunque esté muerto, vivirá. Y todo aquel que vive y cree en mí, no morirá eternamente. ¿Crees esto?" (Juan 11:25-26). Escucha, ¡tú necesitas oír esto! Jesús no le dijo a Marta: "Yo seré la resurrección"; sino que le dijo: "Yo soy la resurrección". Marta veía la resurrección como algo del futuro; pero Jesús le estaba diciendo que Su poder de resurrección es también para el ¡AHORA! La fe de Marta era lo que yo llamo fe de "la entrada". La verdadera fe nos lleva más profundo que eso. La verdadera fe nos lleva a lo profundo en Cristo, a lo profundo en Su revelación, a lo profundo en Su gloria. La verdadera fe nos lleva al ¡AHORA!

Si quieres tener la atención de Dios, la única manera es creyendo en Él para el ahora. Marta hablaba desde un lugar de duda, mirando lejos en el futuro. La duda es algo que el enemigo ama darnos para mantenernos lejos de las bendiciones que Dios tiene para nosotros en esta vida. La duda se esparce más rápido que la fe. Sin embargo, es aún más importante no entrar en incredulidad. La incredulidad es peor que la duda porque lleva al corazón a endurecerse. En el libro de Hebreos dice que ellos no entraron en la tierra prometida por su incredulidad (ver Hebreos 3:19). Dios está diciendo que la incredulidad puede endurecer el corazón a tal punto que la iniquidad se asentará. De la duda también hay que arrepentirse, pero no va tan profundo en el alma como la incredulidad.

¡TU FE DEBE SER RESUCITADA!

Lo que necesitamos en esta hora es ver la fe de la gente resucitada de la muerte. Tenemos que; porque si no lo hacemos nada será hecho para glorificar a Jesús y no habrá qué testificar. En esencia, Pablo le dijo a la iglesia de los corintios: "Su fe está en la sabiduría de los hombres, pero mi fe está en la demostración del poder de Dios" (ver 1 Corintios 2:4-5). ¿Por qué Pablo dijo eso? Porque él quería conocer a Jesús en el poder de Su resurrección, para darle gloria al Señor y no a sí mismo. Nosotros deberíamos querer lo mismo, tener fe no en las palabras y sabiduría de los hombres, sino en la demostración del poder de Dios.

Tenemos que comenzar a creer. Necesitamos tener la fe que se levanta por encima de nuestros pensamientos y la sabiduría hecha por los hombres. Jesús dijo: "Y yo, si fuere levantado de la tierra, a todos atraeré a mí mismo" (Juan 12:32). No servimos a un Dios que es un don nadie; no servimos a un Dios que se mantiene silente. Si tú no tienes fe en la gloria de resurrección de Dios, entonces no podrás resucitar nada. ¿Qué le dijo Jesús a la iglesia de Éfeso en el libro de Apocalipsis?: "Pero tengo contra ti, que has dejado tu primer amor" (Apocalipsis 2:4). Tú puedes estar muerto a aquello que eras cuando estabas en la fe. Solías ser un testigo. Solías darle alabanza a Dios. Él no dijo que perdiste Su amor, como si estuvieras muerto por completo, pero te has enfriado. Hoy necesitas volver a tu primer amor por Jesús, quien ha resucitado de la muerte. ¡Vuelve a encenderte en fuego por Dios!

Quienquiera que esté leyendo mis palabras, oro para que Su poder de resurrección venga a su corazón y a su vida. Como Lázaro, sacúdete las vestimentas de la tumba que te mantienen atado al mundo y deshazte de ellas ¡en el poderoso nombre de Jesús! La resurrección no es más adelante en el camino, como pensaba Marta. La resurrección es ahora mismo, para Su gloria. Cada día que seguimos en la tierra debemos vivirlo como si estuviéramos en el cielo. Trae el cielo a la tierra. Trae la voluntad de Dios a la tierra. Su voluntad es que ningún hombre perezca, sino que todos tengan vida eterna (ver 2 Pedro 3:9). Ese es el poder de resurrección de Jesucristo que trae la gloria de Dios. Cada vez que alguien nace de nuevo, déjame decirte, lleva gloria al cielo.

SIN ENOJOS NI QUEJAS

Mientras escribo esto, el Espíritu Santo me lleva a orar este poder de resurrección sobre ti. No importa de qué necesites ser libre. Puede que necesites ser libre de la iniquidad. Bueno, pues déjame decirte que la iniquidad viene a tu corazón cuando te enojas y te quejas. ¡Dios odia esas cosas! En el Antiguo Testamento Él cortó a los hijos de Israel a causa de su iniquidad. David escribió: "Si en mi corazón hubiese yo mirado a la iniquidad, el Señor no me habría escuchado" (Salmos 66:18). De modo que en iniquidad no recibirás nada del Señor. Pídele a Dios que te perdone. Deshazte de la iniquidad y deja que Su poder de resurrección fluya en tu corazón.

En el cielo no hay enojo ni queja. En el cielo está la adoración a Dios. ¿Cuánto hace que no adoras a Dios? Si tuvieras la fe en Dios, y si tuvieras tus momentos "Y aconteció" ¡te regocijarías a diario! David era un hombre conforme al corazón de Dios, y él proclamó: "Bendito el Señor; cada día nos colma de beneficios el Dios de nuestra salvación" (Salmos

68:19). La Biblia también dice que Dios nos ha hecho más que vencedores: "Antes, en todas estas cosas somos más que vencedores por medio de aquel que nos amó" (Romanos 8:37). Dios no nos creó para quedarnos sentados. ¡Él nos hizo para la batalla de la fe! Somos más que vencedores. Tenemos que alabar a Dios por Su fidelidad y derribar las cosas malas. ¡Deja que el poder de resurrección de Dios gobierne tu corazón!

PODER DE RESURRECCIÓN PARA SANIDAD

Hace un par de años atrás estaba predicando en una conferencia para mujeres, y después de la sesión una mujer se acercó a mí. Un año antes, ella había asistido a una de mis reuniones en *Norwalk, California*. Había sido diagnosticada con cáncer de vejiga y yo había impuesto manos sobre ella y orado por una sanidad milagrosa en el nombre de Jesús. Esta querida mujer había vuelto al médico tres veces desde entonces y no habían podido hallar ni un rastro del cáncer. ¡Estaba completamente sana! ¡Toda la alabanza a Jesús, nuestro poder de resurrección! ¡El nombre de Jesús es vida! ¡Su nombre es la resurrección! El mismo nombre de Jesús trae cambios a nuestra vida. Él es el gran "Yo soy EL QUE SOY" (Éxodo 3:14); no el "Yo FUI EL QUE FUI".

El apóstol Pablo explicó cómo quería "conocerle [a Jesús], y el poder de su resurrección" (Filipenses 3:10). Ahora el poder de la resurrección siempre debe tener un momento "Y aconteció". Eso es lo que le da gloria a Dios. Pablo quería traer obras que demostraran el poder de Dios, porque el poder de Dios le da gloria a Él.

Si tienes gente que amas y está enferma, si tú mismo estás enfermo, ¡ora! En 2007 tuve cáncer de hígado y recibí una sentencia de muerte de mis médicos. Pero mi confianza estaba en el Señor y Él me sanó con Su poder de resurrección. Si tienes a alguien en tu familia con Alzheimer, tienes que orar por esa persona. Recuerda, mi esposo tuvo epilepsia y Dios lo liberó. Si tienes hijos con autismo, eso es un espíritu, y tú puedes tomar autoridad sobre él hoy. Lo que sea, yo voy a creer contigo ahora mismo mientras tú tomas autoridad sobre eso, en el nombre de Jesús. Ora algo como esto:

> *Señor Jesucristo, tomo autoridad sobre todas las obras del enemigo. Tú eres el poder de resurrección. Señor, para tu gloria, haz que el cielo venga a la tierra, ahora mismo, en el nombre de Jesús. Reprendo [especifique la dolencia] ahora mismo, en el nombre de Jesús.*

De esto se trata la resurrección, de revivir las cosas muertas. El invierno representa la muerte, el tiempo en que las flores mueren y todo se adormece. Pero, luego viene la primavera, que representa la resurrección y trae vida. En mi visión de la sala del trono en el cielo no vi ni una sola cosa muerta. Y esa visión me cambió, me llevó a ser más creyente en nuestro Señor y Salvador. En el cielo todo está en movimiento; nada se queda quieto. El "empapelado del cielo" es la Palabra del Dios todopoderoso. Su Palabra debe estar en nuestro corazón, debe ser traída a la vida. Gracias a Jesús llevo esa vida dondequiera que voy, incluso si es el estacionamiento de un *Walmart*. Siempre pregunto a Dios: "¿A quién quieres que busque hoy para mostrarle tu poder de resurrección?".

Conocí a una pareja en el estacionamiento de *Costco* y Dios me motivó en mi espíritu: "Quiero que te acerques a ellos. Ese hombre es un ministro y está a punto de tener una cirugía de corazón. Quiero que vayas y le testifiques". Me acerqué al hombre y le dije: "Señor, ¿puedo orar por usted? El Señor me acaba de decir que usted es un ministro, y está a punto de tener una cirugía de corazón". Él me miró asombrado, y dijo: "Sí, señora, es cierto. ¡Por favor, ore por mí!". Entonces puse mis manos sobre su corazón y oré: "En el nombre de Jesús, vuelve este corazón uno perfecto. Que este corazón se vuelva una creación nueva en el nombre de Jesús".

Ese pastor recibió el poder de resurrección y comenzó a gritar ahí mismo, en el estacionamiento. Él dijo que había sentido el fuego venir a su corazón. Durante el minuto que hablé supe que había acontecido. Cuando creemos la Palabra de Dios traemos vida; ¡es una fuerza dadora de vida dentro nuestro! Padres, si sus hijos todavía están en pecado, ustedes tienen el poder para creer en Aquel que resucitó y ellos pueden ser salvos hoy. La gloria de resurrección hace que las cosas acontezcan. ¡Somos el pueblo de la resurrección!

RESURRECCIÓN DE LA BANCARROTA

He oído a *Sid Roth* decir: "Tienes dos opciones: tu propia relación experimental con Dios; o te quedas solo con la religión histórica. Lo que Dios hizo en el pasado, pero no lo que está haciendo ¡AHORA!".

No te aferres solo a la religión histórica. No dejes que el enemigo te engañe y te diga que todo pasó solo en el pasado o que solo pasará en el futuro. Necesitamos creer en el Dios del AHORA para que el Espíritu Santo pueda dar vuelta a las cosas con Su poder de resurrección. Hay demasiados cristianos tratando de representar a diferentes "Jesucristos" en el mundo hoy, pero yo sigo satisfecha con el que recibí años atrás, ¡el Jesús de la Biblia! ¡Él nunca me ha decepcionado! Pastores, tal vez no les esté yendo bien en sus iglesias; puede parecer que nada está pasando. Pero yo les digo hoy: reciban este poder de resurrección de Dios y vean lo que el Espíritu Santo hará en sus iglesias. Ministros jóvenes: busquen a Dios por el poder de resurrección; dejen que Él viva en ustedes; dejen que Él ayude a su ministerio. Cualquier ministerio será poderoso si está edificado sobre el Cristo resucitado. El Todopoderoso dice: "Levántense y vean lo que voy a hacer por ustedes". ¿Estás listo para el poder de resurrección hoy?

Para aquellos que están enfrentando la bancarrota, Dios dice: "Yo voy a resucitar y dar vuelta a todo para ti en este día. ¡Solo cree en mí!". El Señor quiere resucitar tu casa, quiere resucitar tus finanzas. Jesús se mueve para resucitar todo en nuestra vida. Creo que algo sucederá en tu hogar; algo va a suceder en tu matrimonio, en tus finanzas y en cualquier área. Mientras lees esto, extiende tu mano por fe y recibe este poder de resurrección para eso que necesitas, lo que sea.

Allá por 2008, cuando las hipotecas se cayeron y tantas casas se perdieron, hubo una gran carencia financiera en la tierra. Yo profeticé sobre una pareja en *Sacramento, California*; un pastor y su esposa que estaban a punto de perder su casa en una subasta. Les dije: "Su casa seguirá siendo suya, aun si es subastada. Solo crean porque Dios dijo que Él la traerá de vuelta y la resucitará".

Cuando llegó el sábado, el banco puso la casa de esta pareja a la venta en subasta. Ellos me llamaron y me dijeron: "Hermana *Glenda*, ¿qué vamos a hacer?". Y les respondí: "Ustedes van a hacer lo que Dios dijo: van a creer que su casa no les será quitada". Dios no dijo: "Solo créanme la primera vez que lo dije". Tenemos que creerle y permanecer fiel hasta el final. Déjame decirte lo que Dios hizo ese día a través de Su poder de resurrección. Un hombre cristiano compró aquella casa ¡y se las devolvió a los dueños originales! ¡Tuvieron su casa de vuelta y quedaron libres de deuda!

La Biblia nos dice que todo es posible para Dios (ver, por ejemplo, Mateo 19:26). Él nos dice hoy a nosotros: "¿Hay algo muy difícil para mí? ¿Hay algo que sea muy difícil de resucitar para mí? Lo que sea que quieras ver resucitado, dáselo a Dios. Deja que tus relaciones sean resucitadas en este día. Yo le creo a Dios que tú tendrás el poder de resurrección en tu familia y que todo miembro de tu hogar será salvo. Vas a experimentar la resurrección para tus finanzas, tu salud… ¡todo! Jesús dijo: "Si puedes creer, al que cree todo le es posible" (Marcos 9:23). Este es tu tiempo; la resurrección ha venido a ti. El Señor dice: "Prepárate, pueblo; mantente en el camino. Prepárate para que mi poder de resurrección me lleve gloria a mí. ¡Gloria!

Sid Roth terminó uno de nuestros momentos juntos en televisión con esta cita que todos deberíamos considerar con mucho cuidado:

"Tú sabes del cielo y sabes del infierno. Ahora la pregunta no es solo dónde vas a pasar tu vida eterna (aunque eso es lo más importante), sino que mientras estás aquí, ¿qué harás con tu propósito en la tierra?". Tú estás aquí porque Dios te puso, porque Dios tiene un destino en tu vida, porque realmente tienes un sentido. Tu vida tiene un sentido. Por tanto, debes hacer a Jesús tu Señor. Es lo más simple que hayas hecho antes, pero es un asunto profundo, del corazón. Se trata de decirlo desde tu corazón: "Jesús, estoy dispuesto (a) a rendir mi corazón y mi vida a ti". [23]

¿Estás dispuesto ahora mismo?

23. Sid Roth, "Experience Signs & Wonders!" It's Supernatural! ("¡Experimenta Señales y Maravillas" ¡Es Sobrenatural!), video en YouTube, 28:33, 19 de octubre de 2014, https://www.youtube.com/watch?v=PCI2RYeRhJo.

TESTIMONIOS "Y ACONTECIÓ"

Por muchos años he predicado en avivamientos para los pastores *Michael* y *Chauvet Smith* de *True Light Community Church* (*Iglesia Comunitaria Luz Verdadera*) en *Fresno, California*. Los *Smith* me han bendecido tanto como yo he tenido el privilegio de bendecirlos a ellos. He hablado palabras proféticas sobre su ministerio y los he visto crecer en el Señor. *Chauvet* voló conmigo desde *California* la primera vez que ministró en *King Jesus Ministries* (*Ministerio El Rey Jesús*) con el apóstol Maldonado. Ella fue mi "escudera" las tres semanas que pasamos en *Orlando* orando por la iglesia del apóstol y su ministerio en el Sur de la *Florida*. Me siento muy bendecida de ser parte de esta preciosa vida familiar.

Los *Smith* querían compartir en este libro una palabra de apoyo por la mano del Señor y por la ministración que saldrá del mismo:

"Es un honor y un privilegio para nosotros endosar el ministerio de la profetisa *Glenda Jackson* y su mensaje en este libro. Amós 3:7 dice: 'Porque no hará nada Jehová el Señor, sin que revele su secreto a sus siervos los profetas'. En los últimos años hemos desarrollado una unidad espiritual con la hermana *Jackson* aún más profunda que los lazos sanguíneos. Hemos visto personalmente al Espíritu Santo moverse a través de esta poderosa mujer de Dios en profecía, en señales y en milagros, como lo hizo Él en el pasado. Profecías poderosas han acontecido en nuestra iglesia local. Dios ha revelado cosas a la hermana *Jackson* que han liberado gente y que las ha hecho entregar su vida a Jesús.

Creemos con todo nuestro corazón que este libro bendecirá al pueblo de Dios de manera tan poderosa que un avivamiento fresco salpicará a todo el país ¡en el nombre de Jesús!

Gracias, hermana *Jackson* por permitir que el Espíritu Santo la use para un tiempo como este".

—*Pastores Michael y Chauvet Smith*

UN ATALAYA ESPIRITUAL DEBES SER

UN HOMBRE O MUJER CRISTIANO

DE INTEGRIDAD QUE ESTÁ EN FUEGO POR DIOS

Y AMA AL PUEBLO DE DIOS.

TU TRABAJO ES PONER TUS NECESIDADES

A UN LADO PARA MONTAR GUARDIA

EN EL ESPÍRITU PARA LA SEGURIDAD Y

PROTECCIÓN DEL REBAÑO.

12

EL LLAMADO DEL ATALAYA

*"A ti, pues, hijo de hombre, te he puesto por atalaya a
la casa de Israel, y oirás la palabra de mi boca,
y los amonestarás de mi parte".*
—Ezequiel 33:7

En 2016 el Señor me dio una palabra profética que todavía se agita en mi espíritu. Parte de esta palabra ha acontecido, pero mucho de ella se está desarrollando justo frente a nuestros ojos. Aquí presento una porción de esa profecía:

El Señor dice: "En tiempos de discordia y caos, yo remuevo líderes de iniquidad de mi Iglesia. Estoy levantando los cinco ministerios. Estoy preparando la Iglesia para la batalla. Presta atención a las palabras de los profetas. El Señor pone las palabras en su boca a diario.

El mal viene y se esparce por los Estados Unidos. Yo he visto el mal. He visto cosas hechas en la oscuridad. Viene un mal que quiere quitarme todo. Vienen cambios. Los gobernadores cambiarán mis leyes y sacarán tus emblemas. Viene una gran destrucción. Muchos serán asesinados en las calles.

No temas; yo levantaré a mi pueblo y lo vestiré con toda la armadura de Dios para la batalla. ¡Caminarás mi camino! El enemigo vendrá como inundación, pero yo levantaré el estandarte contra él. Yo haré camino.

Ángeles visitarán a mi pueblo y formarán un poderoso ejército. Los ejércitos del mal de otras tierras vendrán contra los Estados Unidos. El amor de muchos se enfriará".

El Señor dice: "No me tomen con liviandad. Búsquenme más que nunca. Yo saco los líderes malvados de la Iglesia. Sean fuertes en mi vida. Apréstense por la verdad, no importa lo que diga el gobierno. Ustedes no son de este mundo. Ustedes son de mi reino. Obedézcanme y enviaré el avivamiento.

No tengan miedo cuando la economía caiga. Yo soy su proveedor. El clima se pondrá peor que nunca. Háblenle como yo lo hice", dice el Señor.

"No tengan miedo de Satanás ni de sus hijos. Yo les daré una palabra: 'De repente'. Yo voy a exponer a los falsos maestros y levantaré personas de la muerte. Manténganse humildes delante de mí. Yo voy a llamar a muchos a predicar el evangelio. Voy a llamar a mis profetas". Así dice el Señor.

Hemos visto este año acontecer esta profecía de 2016 ante nuestros ojos. Los gobernadores y alborotadores están "derribando nuestras estatuas y emblemas". Edificios son quemados y "personas son asesinadas en las calles" mientras el caos trata de arruinar nuestras ciudades. ¡Pero no vamos a tener miedo! El Dios todopoderoso nos exhorta a no temer porque Él está enviando Sus ángeles guerreros y está creando un ejército de Su pueblo para que se pare contra las tácticas del enemigo. ¡La batalla le pertenece a nuestro Dios! El resto de esta profecía acontecerá cuando Dios envíe a Sus ángeles en guerra y reúna a los cristianos como un cuerpo para pararse contra los planes malvados del enemigo.

El Señor me dio esta profecía como una advertencia de lo que va a acontecer ahora y en los días por venir. ¡Es la advertencia de una atalaya! Dios señala profetas como atalayas espirituales sobre Su pueblo. Él escogió a Su profeta Ezequiel para ser Su atalaya sobre el pueblo de Israel (ver Ezequiel 3:17). El trabajo de Ezequiel era exhortar a los israelitas para que vivieran piadosamente y también advertirles, que, si le volvían la espalda a Dios y escogían el mal, enfrentarían grandes consecuencias.

LOS PROFETAS DE DIOS COMO ATALAYAS

Los atalayas son como vigías que hacen guardia arriba de las murallas de una ciudad antigua. La palabra hebrea para "atalaya" significa "uno que mira atento". El atalaya está atento ante los enemigos, otros peligros, incluso corre llevando buenas noticias. En Isaías 21 Dios le dice al profeta exactamente lo que Él quiere que el atalaya haga:

"Así me ha dicho el Señor: **Ve e instala un vigía, que anuncie lo que vea.** *Si ve gente montada, un par de jinetes, a lomos de burros, a lomos de camellos,* **que escuche atento, con mucha atención.** *Gritó el centinela: 'En la atalaya estoy, Señor,* **vigilante siempre de día; en mi puesto de guardia estoy sin moverme toda la noche.** *Miren, ahí vienen hombres cabalgando, un par de jinetes'".*

(Isaías 21:6-9 BLPH)

1. Un atalaya está para vigilar y declarar en voz alta lo que ve venir: "que anuncie lo que vea" (Isaías 21:6).

2. Un atalaya está para escuchar con atención enfocada porque podría oír algo que no puede ver: "que escuche atento, con mucha atención" (v. 7).

3. Un atalaya está para pararse en la muralla, de continuo, día y noche: "En la atalaya estoy, Señor, vigilante siempre de día; en mi puesto de guardia estoy sin moverme toda la noche" (v. 9). Por supuesto, debe haber habido turnos y cambios de atalaya,

pero siempre había alguien haciendo guardia. La posta del atalaya nunca se deja vacía. ¡Vidas dependen de ello!

Además de los profetas, Jesús les advierte a los creyentes a ser diligentes y velar.

> "**Velad, pues**, *porque no sabéis cuándo vendrá el señor de la casa; si al anochecer, o a la medianoche, o al canto del gallo, o a la mañana; para que cuando venga* **de repente**, *no os halle durmiendo. Y lo que a vosotros digo, a todos lo digo:* **Velad**". (Marcos 13:35-37)

Jesús amonestó a Sus discípulos: "**Velad y orad**, para que no entréis en tentación; el espíritu a la verdad está dispuesto, pero la carne es débil" (Marcos 14:38).

Cuando los enemigos tratan de escabullirse dentro de la Iglesia, Dios los expone al atalaya y le muestra a él o ella en el Espíritu lo que los enemigos traman. Un atalaya espiritual debe ser un hombre o mujer cristiano de integridad que esté en fuego por Dios y ame al pueblo de Dios. Con el discernimiento del Espíritu Santo, el atalaya verá venir de lejos las cosas buenas y las malas. Un verdadero atalaya es leal a la causa. Él o ella es fiel, alerta y siempre humilde. Un buen atalaya no puede estar buscando fama o fortuna. Su trabajo es poner sus necesidades a un lado para montar guardia en el Espíritu por la seguridad y protección del rebaño.

MAÑANA Y NOCHE

Los atalayas son especialmente importantes por la noche. Es más difícil ver el peligro en la oscuridad. El enemigo es ladino para esconderse tras cortinas de tinieblas para tratar de engañar a la Iglesia y detener la visión de Dios para que no se cumpla. Si tú no puedes dormir de noche, puede ser que el enemigo te esté persiguiendo con ansiedad y temor. La noche es cuando nuestras peores ansiedades surgen y el miedo viene al acecho, tanto para el individuo como para la Iglesia. En la quietud de la noche el enemigo habla sus mentiras con un rugido.

Por supuesto, el atalaya debe mantener la guardia por la mañana también. La gente puede volverse floja en la mañana, especialmente en las primeras horas, cuando apenas hay luz y toma las cosas de forma liviana. El verdadero atalaya permanece fiel y en guardia, sin importar lo que requiera porque es su trabajo advertir a otros del peligro. Sin un atalaya, los enemigos se pueden escabullir y tratar de destruir la visión de la iglesia. Ellos se escabullen en el intento de destruir nuestra vida de familia, nuestras finanzas, nuestras relaciones. Un atalaya fiel no le da oportunidad al enemigo de escabullirse por la noche o el día. ¡Mantén tu guardia alta! ¡Mantente alerta!

EL ATALAYA DE LA CASA

En enero de 2017 recibí una llamada telefónica desde *Miami* de un hombre de Dios que nunca había conocido. Él se presentó como el apóstol *Guillermo Maldonado* y me dijo que *Sid Roth* lo había animado a llamarme, debido a las palabras proféticas de Dios que yo había dado y que habían acontecido. El apóstol *Maldonado* me invitó a predicar en su iglesia, *King Jesus International Ministry (Ministerio Internacional El Rey Jesús)* la semana siguiente. Compartí la Palabra de Dios en los tres servicios del domingo, y el Señor se movió en el poder del Espíritu Santo. Después de profetisar algunas palabras para el ministerio del apóstol, él me invitó a mudarme a *Miami* y hacerme parte de su equipo ministerial como "atalaya de la casa". Yo oré por esto, pero no sentí que fuera la voluntad de Dios para mi bien en ese momento. ¡Sabía que iba a necesitar una dirección clara del Señor!

Siempre debemos buscar a Dios primero respecto de todo. Recuerdo que cuando era niña, si había algo que queríamos hacer o un lugar adonde queríamos ir, mis padres siempre nos decían: "Vamos a buscar al Señor Dios por esto", antes de decir que sí. Esta misma sabiduría es la que tenemos que aplicar en nuestro camino diario: buscar a Dios

172 Caminar en profecía, señales y maravillas

primero. Él nos guiará por Su Espíritu hacia el camino que debemos tomar. Nunca dependas de tu propia voluntad para tomar una dirección. Dios debe ser Señor sobre nosotros. No debemos apoyarnos en nuestro propio entendimiento (ver Proverbios 3:5-6). Cada vez que no busco a Dios primero, arruino todo. Cuando busco a Dios acerca de algo, siempre termina bien. Gracias, Jesús, por tu gran sabiduría y poder para ayudarme a ser una vencedora. ¡Recibe toda la gloria!

¡YO TE ENVÍO!

Al siguiente año, tuve un sueño vívido del Señor. Veía atalayas de pie en sus postas sobre el muro de una ciudad antigua; pero luego, comenzaban a caer en todas direcciones. Clamé al Señor: "¿Qué es esto?". Él me respondió: "Estos son mis atalayas; pero están cayendo. No tienen carácter; ya no son leales". Entonces comencé a llorar y pregunté: "¿Qué quieres que haga, Señor?". Y me dijo: "¡Yo te envío!". Pregunté: "Señor, ¿a dónde debo ir?". Me respondió: "Quiero que vayas a *Miami* y seas un atalaya para el apóstol *Guillermo Maldonado*; él se está parando fuerte por mí, y quiero que seas un atalaya para él, su familia y el precioso pueblo de su iglesia". Así que oré: "Sí, Señor. Yo iré. ¡Ayúdame a pararme fuerte y no caer!". Entonces el Señor me dijo que no hiciera nada con aquella visión, que el apóstol me llamaría. Así que solo esperé y oré.

Con el correr de los años, Dios me ha mostrado que no puedes aparecerte en los lugares por ti solo. Tienes que ser enviado por el Señor. Cuando eres enviado por Dios, solo puedes ir y cumplir Sus propósitos. Oré por el mensaje de Dios en ese sueño, pero no llamé al apóstol; él me llamó a mí, ¡tal como el Señor dijo que lo haría! Una vez más, Dios era fiel para cumplir otro momento "Y aconteció". El apóstol *Maldonado* me pidió que me uniera a su equipo ministerial como "atalaya de la casa" en su iglesia. Me sentí feliz al contarle acerca de mi sueño y de que Dios me había dicho que él llamaría. Dije: "Ahora estoy lista para mudarme a *Miami*".

Los atalayas se paran sobre los muros por la seguridad de la ciudad y para ayudar a cumplir la visión. El Señor le ha dado al apóstol *Maldonado* una tremenda visión para llevar el evangelio de Jesucristo al mundo con señales y maravillas. Dios lo marcó primero con una misión para levantar a Jesús en el área de *Miami*, así que fundó *King Jesus International Ministries (Ministerio Internacional El Rey Jesús)* para traer al perdido, discipularlo en Cristo, y luego enviarlo a seguir el llamado de Dios en su vida. La iglesia le da la bienvenida a todo aquel que viene con hambre de Jesús, especialmente la población hispana en el Sur de *Florida*. Jesús se apareció ante el apóstol y le dijo que estaba llamado a traer el poder sobrenatural de Dios a esta generación. A través de los años, Dios ha hecho que Su Palabra acontezca, y ha bendecido al apóstol *Maldonado* y extendido su ministerio apostólico sobre iglesias en el mundo a través de su *Supernatural Global Network (Red Global Sobrenatural)*.

Cuando el apóstol Maldonado estaba a punto de partir en un viaje misionero a México, él y yo oramos juntos. Dios ama a México y quería hacer milagros poderosos allí. Yo creí que Dios quería hacer muchos más milagros por las manos del apóstol de lo que había hecho en el pasado. "Con todo, las señales de apóstol han sido hechas entre vosotros en toda paciencia, por señales, prodigios y milagros" (2 Corintios 12:12). Animé al apóstol Maldonado a que creyera en fe y lo recibiera. Volvió de México muy feliz. Me dijo: "Fue exactamente como tú dijiste". Y respondí: "No, fue exactamente como Dios dijo". Yo no puedo tomar crédito por nada. La gloria cayó a causa de la oración y la fe.

PALABRAS PROFÉTICAS PARA EL PUEBLO

Como atalaya de la casa, oro por la iglesia y traigo palabras proféticas al pastor y al pueblo, según el Espíritu Santo me guía. No voy con ninguna visión propia de cómo debería dirigirse el ministerio. No soy dueña del ministerio ni del muro sobre el cual estoy parada. Vivo para que el Espíritu Santo me dé dirección y guía; no es por mi voluntad, sino por la Suya. Dios me ha bendecido con la tarea de ayudar espiritualmente a la visión del ministerio y a los líderes, y poder orar por la sanidad del precioso pueblo en la iglesia. Ha habido muchos, muchos momentos "Y aconteció" desde que me hice parte del *Ministerio El Rey Jesús*.

EN UNA MENTE Y UNÁNIMES

¿Qué sucede cuando el pueblo está unánime y en una sola mente? El Señor dice que hay mucho poder allí; ¡más poder del que advertimos! En el Antiguo Testamento el pueblo tenía una sola mente y estaba en unanimidad, en un mismo momento. ¿Recuerdas qué pasó? Construyeron la torre de Babel. ¿Qué dijo Dios de esto? "Oh, ¡nada puede detenerlos ahora!". ¡Así que Él los detuvo!

Génesis, capítulo 11, nos da la historia:

*"Tenía entonces toda la tierra una sola lengua y unas mismas palabras. […] Y dijeron: Vamos, edifiquémonos una ciudad y una torre, cuya cúspide llegue al cielo; y hagámonos un nombre, por si fuéremos esparcidos sobre la faz de toda la tierra. […] Y dijo Jehová: He aquí el pueblo es uno, y todos éstos tienen un solo lenguaje; y han comenzado la obra, **y nada les hará desistir ahora** de lo que han pensado hacer. Ahora, pues, descendamos, y confundamos allí su lengua, para que ninguno entienda el habla de su compañero. Así los esparció Jehová desde allí sobre la faz de toda la tierra, y dejaron de edificar la ciudad".* (Génesis 11:1, 4, 6-8)

Había tanto poder en la unidad del pueblo que el Señor tuvo que detener su trabajo, de otro modo, nada los hubiera hecho desistir.

En el libro de los Hechos, en el día de Pentecostés, el pueblo tenía una sola mente y estaba en unanimidad nuevamente. Esta vez, Dios no los detuvo, eso fue porque estaban en lo correcto. Los ciento veinte creyentes estaban esperando en el aposento alto, como el Señor les había instruido que hicieran. "Todos estos perseveraban unánimes en oración y ruego, con las mujeres, y con María la madre de Jesús, y con sus hermanos. En aquellos días Pedro se levantó en medio de los hermanos (y los reunidos eran como ciento veinte en número) …" (Hechos 1:14-15). ¿Y qué pasó? Fueron llenos con el viento y fuego del Espíritu Santo, y cuando le predicaron al pueblo, tres mil fueron salvos en un solo día. Si nos rendimos a Jesús y dejamos que el poder del Espíritu Santo nos lleve a la unanimidad con otros creyentes, tenemos más poder del que nos damos cuenta. No podemos hacerlo en nuestra propia fuerza. ¡Tiene que ser en el poder del Espíritu Santo!

A la gente le gusta decir que no hay iglesia perfecta, pero yo no estoy de acuerdo con esa afirmación. Hay otros lugares en el Nuevo Testamento donde vemos que los primeros cristianos estaban unánimes. "Y perseverando **unánimes** cada día en el templo, y partiendo el pan en las casas, comían juntos con alegría y **sencillez de corazón**" (Hechos 2:46). Y el apóstol Pablo anima a la iglesia de Filipos: "Completad mi gozo, sintiendo lo mismo, teniendo el mismo amor, **unánimes, sintiendo una misma cosa**" (Filipenses 2:2).

¿Por qué Dios quiere que estemos unánimes? Porque Él sabe el poder que reside en nuestro acuerdo. Él nos creó de esta manera. ¡Solo piensa lo que Dios hará si estamos todos unánimes y somos de una misma mente! No habrá nada que impida el gran derramamiento del Espíritu Santo. Será el más grande avivamiento que hayamos visto jamás. Yo te digo que Dios nos escucha. ¡Piensa en lo que Dios hará si estamos todos unánimes!

LIMPIEZA DE LA CASA

Dios necesita hacer una sola cosa para llevarnos a la unanimidad, y es limpiar la casa. Para tener una sola mente y estar unánimes, tenemos que obedecer a Dios. El juicio comienza por la casa de Dios (ver 1 Pedro 4:17), pero eso debería ser algo bueno, no malo. La convicción del Espíritu Santo debe caer sobre el cuerpo de Cristo y ayudarnos a estar limpios delante de Él. Sí, Él hace que seamos limpios. Yo quiero estar limpia delante del Señor, ¿y tú? Tengo un temor reverente del Señor.

Recibo cualquier corrección de Dios que Él quiera darme. No quiero perderme todo lo que Él tiene para mí, ahora y en la eternidad.

No quiero ser el siervo que enterró su talento en la tierra y no hizo la voluntad de Dios. Quiero ser aquel que escuche las palabras: "Bien, buen siervo y fiel; sobre poco has sido fiel, sobre mucho te pondré; entra en el gozo de tu señor" (Mateo 25:21).

Cuando te acercas al juez en una corte de justicia, no dices: "Juez, quiero un *Cadillac* nuevo; juez, quiero una casa nueva". Cuando estás de pie en la corte, acusado de quebrantar la ley, tú solo quieres una cosa del juez: ¡quieres ser declarado no culpable! Quieres ser libre; quieres justicia; no quieres juicio; no quieres condenación; quieres ser liberado. Eso es lo que el juicio en la casa de Dios logra. Porque Jesús llevó nuestros pecados en la cruz, la convicción del Espíritu Santo en nosotros trae arrepentimiento, y eso trae verdadera libertad. Esa libertad viene de Jesús. "Así que, si el Hijo os libertare, seréis verdaderamente libres" (Juan 8:36).

CORAZONES Y MANOS LIMPIOS

En el pasado Dios me ha llamado, más de una vez, a hablar una palabra profética de corrección en la vida de un líder cristiano. Yo no quería hacerlo, pero llegué a entender que es una de las responsabilidades de un profeta o atalaya: advertir del peligro y, a veces, hacer que otros asuman su responsabilidad.

Mi papá me enseñó que los ministros siempre deben tener sus corazones y manos limpios. Solía decirme: "Si fueras a tener una cirugía y el médico fuera a operarte con las manos sucias, yo lo detendría de inmediato. Él no tocaría a mi hija". Mi padre decía lo mismo acerca de los ministros del evangelio. Si tienen las manos sucias, no pueden tener la autoridad de usar el nombre de Jesucristo; porque servimos a un Dios santo y somos santificados por la sangre de Jesús y lavados por Su santa Palabra.

Amigos míos, no dejen que ministros sucios impongan manos impuras sobre ustedes. No se sienten a los pies de falsos maestros o ministros. Si no están seguros acerca de los ministros que hablan a su vida, oren a Dios por el discernimiento de espíritus. Me pone tan contenta que mi papá y mi mamá fueran ministros limpios y vivieran esa vida ante nosotros.

El pecado no es una broma para Dios. Jesús tuvo que morir una muerte terrible para pagar por nuestros pecados. Tú no te acuestas con cualquiera, o mientes, robas o engañas; porque si lo haces, la presencia de Dios te dejará y ya no podrás moverte en Su poder. Tienes que recorrer el camino para tener Su poder fluyendo en ti.

Nunca te arriesgues con el pecado. Sé que estoy llamada por el Señor a decir cosas difíciles, por eso me tomo el llamado muy en serio. Soy obediente, y una vez que lo digo, ya no está más en mis manos, sino en las de Dios. El Señor busca una novia santa.

Cuando somos de una misma mente y estamos unánimes, limpios delante del Señor, no hay miedo a nada ni condenación. Solo hay una gran fe. Dios nos llevará a conocerlo más de lo que jamás lo hemos conocido. En el aposento alto había una iglesia perfecta, sin dudas, sin miedos. ¿Qué pasó? ¡La iglesia nació! La gente puede no estar de acuerdo conmigo, pero yo creo que la Biblia dice que es posible ser de una sola mente y estar en unanimidad, y esa es la iglesia perfecta. Tú puedes ayudar a ganar la batalla por la unidad en tu propia iglesia. Entonces, veremos mayores milagros que los que hemos visto hasta ahora. Veremos a tus seres queridos venir a Jesús. ¡Veremos muchas, muchas personas sanadas! La iglesia será un lugar donde tus hijos serán salvos y no habrá cáncer, ni autismo en los niños, ni Alzheimer en nuestros ancianos. No habrá nada entre nosotros que pueda evitar estos milagros. Espero con ansias ese día; ¡ser de una mente y unánimes!

"Os ruego, pues, hermanos, por el nombre de nuestro Señor Jesucristo, que habléis todos una misma cosa, y que no haya entre

vosotros divisiones, sino que estéis perfectamente unidos en una misma mente y en un mismo parecer". (1 Corintios 1:10)

TESTIMONIOS "Y ACONTECIÓ"

"Conocí a la profetisa *Glenda* en 2020, justo antes de que ella llevara a cabo una sesión de enseñanza en *Supernatural Ministry School* (*Escuela del Ministerio Sobrenatural*) en el *Ministerio El Rey Jesús*. Me habían pedido que la llevara a cenar, así como un escudero (alguien que se para junto a uno de los guerreros de Dios para ayudarlo). Cuando me preparaba para llevarla a su casa, después de la cena, ella dijo: '*Ricardo*, el Señor me ha dado una palabra para ti'. Y comenzó a darme una palabra profética, diciendo que Dios iba a expandir mi conocimiento de Su Palabra y cumpliría Sus propósitos divinos para mi vida. A partir de ese día, he visto cada palabra acontecer.

La profetisa *Glenda* habló específicamente de que venía una promoción que sería una gran bendición para mí y para mi familia. Después de esa palabra, Dios comenzó a abrir puertas ¡de par en par! Como miembro del equipo del *Ministerio El Rey Jesús*, vi cómo el Señor creaba una mayor dedicación en mi corazón y expandía mis responsabilidades en mi área del ministerio. Me convertí en uno de los líderes en el ministerio de escuderos. Esto es parte del propósito del Señor que ella habló sobre mí. La hermana *Glenda* también tenía una palabra de crecimiento financiero en nuestra vida y dijo que sería bendecido con un carro. 'Y aconteció". Pero la parte más importante de su profecía que aconteció es que he desarrollado una gran hambre por la Palabra de Dios y he podido llegar a entenderla en mayor profundidad. El Espíritu Santo ha impartido más revelación y conocimiento de Jesús en mi corazón.

Estoy muy agradecido por las palabras proféticas que la hermana *Glenda* ha hablado sobre mi vida y las oraciones ungidas de su nieta, *Alyson Vargas*. Toda su casa ha sido una bendición sobre mi vida. Le doy gracias a Dios por esto".

—*Ricardo Velásquez*

VIENEN TIEMPOS DIFÍCILES,

PERO NO VAMOS A VIVIR COMO EL MUNDO VIVE.

VAMOS A VIVIR SOBRENATURALMENTE,

COMO LOS ISRAELITAS HICIERON CON MOISÉS

EN EL DESIERTO,

Y COMO LOS DISCÍPULOS HICIERON

CUANDO JESÚS CAMINABA SOBRE LA TIERRA.

13

GENERACIONES POR VENIR

"Se escribirá esto para la generación venidera;
y el pueblo que está por nacer alabará a JAH".
—Salmos 102:18

¡Las generaciones por venir alabarán al Señor! Dios me ha guiado a escribir este libro no solo para celebrar las cosas gloriosas que Él ha hecho en el pasado, sino también para que las próximas generaciones entiendan el poder del Espíritu Santo y alaben al Señor. No quiero que nuestros jóvenes cristianos digan: "Cincuenta años atrás mi abuela hizo esto, mi padre hizo aquello". Para ellos, los milagros de Dios se han vuelto cuentos de hadas. Lo mismo les sucedió a los hijos de Israel que no habían experimentado los milagros que sus padres habían visto cuando dejaban Egipto. Ellos no entendían las proezas que Dios había hecho por ellos.

¿Cómo alabarán a Dios nuestros hijos y cualquier generación futura? ¡Lo alabarán si lo conocen! Ellos necesitan conocer a Dios en Su amor, en Sus promesas, en Su poder. Padres, lleven a sus hijos a Dios. Críenlos de manera que conozcan a Aquel que resucitó. ¿Qué ven ellos en ti a diario: padres siempre listos para responder sus preguntas o siempre distraídos con su teléfono? Mis padres piadosos me enseñaron bien; yo podía oír a mi madre orando de noche: "Quiero que nuestros hijos tengan lo mejor". Dios dice que lo mejor para tus hijos es la salvación en Jesús y el bautismo del Espíritu Santo. ¡Ellos necesitan al Espíritu Santo y fuego!

Me siento tan bendecida de que mi nieta *Alyson* (mi pequeña *Pockie*) haya crecido como una joven fuerte de Dios. El Señor la ha bendecido con muchos dones y talentos para Su gloria. Ella ministra hermosamente en la música y tiene un grupo de mujeres jóvenes de la iglesia por quienes ora y a quienes les da estudios bíblicos. ¡Dios es tan fiel! "Porque Jehová es bueno; para siempre es su misericordia, y su verdad por todas las generaciones" (Salmos 100:5).

"¿QUIÉN DICES QUE SOY?"

Mucha gente tiene a Dios como un conocido, pero nosotros debemos CONOCER a Dios. Cuando conocemos a Dios, cuando conocemos Su voz, no vivimos como el mundo vive. ¡Vivimos sobrenaturalmente!

El significado de "conocer" es discernir algo personal acerca de alguien. Tenemos que conocer a Jesús y quién es Él a nivel personal. Cuando Jesús hablaba con Sus discípulos en Cesarea de Filipo, les preguntó: "*¿Quién dicen los hombres que es el Hijo del Hombre?*" (Mateo 16:13). Al ver que no estaban seguros de la respuesta, Jesús les hizo la gran pregunta: "*¿Quién dicen ustedes que soy?* (v. 15). Solo Pedro le respondió correctamente: "Respondiendo Simón Pedro, dijo: Tú eres el Cristo, el Hijo del Dios viviente. Entonces le respondió Jesús: Bienaventurado eres, Simón, hijo de Jonás, porque no te lo reveló carne ni sangre, sino mi Padre que está en los cielos" (Mateo 16:16-17).

Ni carne ni sangre pueden revelarte a Dios. Como ministros del evangelio podemos mostrarte el camino; pero solo Dios puede revelarte a Jesús, si realmente lo buscas. La Biblia promete que el Espíritu

Santo nos revelará a Jesús: "Él [el Espíritu Santo] me glorificará; porque tomará de lo mío, y os lo hará saber" (Juan 16:14). Y Jesús revelará al Padre: "Todavía un poco, y el mundo no me verá más; pero vosotros me veréis; porque yo vivo, vosotros también viviréis" (Juan 14:19).

En la Biblia, Dios revela Su justicia y Su misericordia a través de la muerte de Jesús por nuestros pecados y Su resurrección por nuestra vida eterna. La Biblia es un libro de lo que Dios ha hecho por el hombre, no lo que el hombre ha hecho por Dios. Es un libro santo. La gente puede tratar de cambiarlo, pero sigue siendo: "¡Así dice el Señor!". ¡Da un grito para el Señor! Dios está en movimiento. Dios está en Su trono. Él dice: "Quiero que me conozcas. Quiero que sepas que Soy galardonador. Soy tu Dios eterno. No soy un Dios que te usa y te abandona. ¡Soy un Dios que te ama!".

CONOCE LA VOZ DE DIOS

Quiero provocarte a conocer a tu Dios, a conocer ¡las cosas que están a punto de suceder en el cuerpo de Cristo y en el mundo! Dios quiere que lo conozcas a Él hoy tanto como Él te conoce a ti. Quiere que conozcas más a Jesús hoy de lo que lo conocías ayer. Si no vamos hacia delante, estamos retrocediendo. Yo anhelo a Jesús. Lo quiero a Él con todo en mí. Mi deseo es ver a la Iglesia tan ardiente por Dios que hagamos huir al enemigo. Mi deseo es que la Iglesia vuelva a ser una verdadera amenaza para el reino de tinieblas de Satanás.

Dios me dio una palabra profética acerca de conocerlo a Él:

"Yo te digo a ti, conóceme hoy. La hora viene cuando muchos se alejarán de la verdad y correrán tras lo que no viene de mí. Mi deseo es amarte y darte el reino; amarte y bendecirte. Yo soy tu Padre; Yo soy tu Dios. No hay otro Dios fuera de mí", dice el Señor. "Búscame con todo tu corazón, mente, alma y fuerza. Haré de todo para traerte más cerca de mí de lo que nunca has estado.

Yo busco un pueblo que no se avergüence de mí, que no se avergüence de la santidad ni de levantar la voz. Nunca te dejaré ni te abandonaré. Te creé a Mi imagen y te he llamado por mi nombre. Envío mis ángeles sobre ti para protegerte. Yo estoy en medio de ti. Seré un poderoso Padre para ti, y conocerás que lo soy. Conóceme. Conoce mi nombre. Adéntrate en mi Palabra y busca mi carácter. Búscame como no lo has hecho nunca".

MI DIOS, ¡ÉL ES DIOS!

El Espíritu Santo está buscando a aquellos que quieran conocer a Dios. El mundo necesita conocer que Dios es real, y ¿quién está allí para mostrárselo si no es Su pueblo? Nosotros podemos revelarlo a Él al mundo que nos rodea. Quiero que Dios sea visto y sentido en el mundo presente. ¿Podemos realmente ver a Dios? ¡Sí! Podemos ver a Dios a través de la persona y ministerio de Jesucristo. Esa es la voluntad de Dios para nosotros, que lo veamos a Él en Su Hijo. ¡Nuestro Dios es real! En este mundo hay muchos otros llamados "dioses", pero todos están muertos. No servimos a un Dios muerto. ¡Servimos al Dios viviente! Mi Dios, ¡Él es Dios!

Tenemos que estar listos para la guerra sobrenatural como nunca. Vamos a tener que caminar por la fe que Dios nos ha dado. Si usamos esta fe para remover todo lo que nos detiene, vamos a ser guerreros poderosos. El diablo quiere destrozarte espiritualmente, pero la sangre de Jesús lo mantiene lejos. La Biblia dice que somos más que vencedores en Cristo (ver Romanos 8:37). ¡Estamos listos para la batalla porque conocemos a nuestro Dios! ¡No seremos vencidos ni derrotados! Conoce a Dios. Él es quien revela Su Palabra. Hazle preguntas a Dios; Él te dará las respuestas.

Debemos caminar en la fe que opera milagros poderosos. Eso es lo que Dios busca en Su pueblo. Pero tú tienes que saber que los dones y milagros de Dios no son para que luzcamos nosotros. Yo no opero los dones, los dones de Dios operan en mí. Yo no puedo sanar a nadie; Dios es el Sanador. Jesús es el único que dice: "Quiero derramar la plenitud del Espíritu Santo sobre ti". El nombre y las obras de Jesús deben ser glorificados, no nosotros.

EL ÚLTIMO GRAN AVIVAMIENTO

Cristianos, tenemos que conocer la voz de Dios. Debemos oír a Dios o seremos engañados. Dios está hablando. Recuerda, en el libro de Apocalipsis Jesús dijo siete veces algo como: el que tiene oídos para oír, oiga lo que el Espíritu dice a la iglesia (ver, por ejemplo, Apocalipsis 2:29). ¡Tenemos que conocer a Dios y oír lo que el Espíritu está diciendo hoy a la iglesia! Vienen tiempos difíciles; pero no vamos a vivir como el mundo vive. Vamos a vivir sobrenaturalmente, como los israelitas vivieron con Moisés en el desierto o como los discípulos vivieron cuando Jesús caminaba en esta tierra. Tenemos que oír la voz de Dios. Si no la oímos, no podremos lograrlo.

Hace un par de años estaba ministrando en *Orlando*. Una noche, en mi habitación del hotel, un ángel se apareció ante mí y dijo: "¡Prepárate!". Él dijo que el Señor quería que supiera que estamos a punto de entrar en la última fase, la del último avivamiento. Está a punto de comenzar ¡AHORA! No lo busques lejos en el futuro; va a pasar ahora. El Rey de gloria te llevará adonde nunca has estado antes. Muchas cosas se van a acelerar. ¡Sucederá!

El mayor avivamiento que el mundo jamás haya visto, viene. Dios me dijo que todo lo que yo hable Él lo va a acelerar y a hacerlo acontecer. Si tú te paras en Su Palabra, comenzarás a tener momentos "Y aconteció" cada semana, incluso a diario. David dijo en los Salmos que Dios nos da Sus beneficios a diario: "Bendito el Señor; cada día nos colma de beneficios el Dios de nuestra salvación" (Salmos 68:19). David le creía a Dios en fe; nosotros también debemos creerle.

¡IGLESIA, LEVÁNTATE!

En la iglesia debemos ser conocidos por nuestro fruto, pero ¿qué fruto estás mostrando? ¿Qué obras estás haciendo? ¿Estás haciendo las obras de una iglesia dormida, o estás haciendo las poderosas obras de nuestro Dios en el cielo? Para que la voluntad del cielo venga a la tierra necesitamos el poder de resurrección. La tierra debe ser llena con la gloria del Señor. El poder de resurrección es lo que te da la unción para ministrar y llevar a alguien a ser salvo y lleno con el Espíritu Santo.

Iglesia, tenemos que levantarnos y pararnos en nuestra fe. La fe viene para que tengas el poder de quitar el pecado de ti; el poder para dejar atrás la vida vieja y muerta; el poder para recibir la fe de lo alto que resucitará tu vida y te llevará a ser una nueva criatura en Cristo Jesús. Debemos ser contendientes de la fe. Tenemos que traer de vuelta la fe que una vez fue entregada a los santos (ver Judas 1:3). Esa es la fe para hacer las obras de Dios para Su gloria. Oro hoy que esta fe que la Iglesia tuvo una vez sea resucitada ahora, en el nombre de Jesucristo de Nazaret.

Te pido hoy, que, si tu fe no ha estado activa, que la actives. Necesitamos esa fe, ahora mismo, en nuestros hogares y en nuestras iglesias. Tenemos que estar listos para la batalla. La gente no debería venir a la iglesia y quedarse quieta como si estuviera en una biblioteca. ¡No estamos en una biblioteca! ¡Estamos en la casa de Dios! ¡Jesús está vivo! Oro para que conozcas a este Dios, que lo sientas y que conozcas que está vivo. Deberíamos ser el cuerpo resucitado más vivo sobre la faz de toda la tierra. Déjame decirte: el poder de resurrección cambiará hasta la política. Deja de quejarte de lo malo que es el gobierno, de lo malos que son los políticos. Nosotros tenemos el poder y la autoridad para pararnos en oración y detener el mal. El poder de resurrección cambiará el mundo.

¡TRAE LA GLORIA!

Jesús dijo que seremos testigos de Él, y que traeremos Su gloria a la tierra (ver Hechos 1:8). Así como la luna no tiene luz propia, sino que refleja la luz que recibe del sol, la Iglesia debe tomar su luz del Señor en el cielo. Nosotros no tenemos gloria en nosotros mismos. Reflejamos Su gloria y llevamos al perdido a Su reino. Yo te digo que hoy tú puedes caminar en el poder de Su resurrección y comenzar a glorificar a Jesús. Haz que sea glorificado en lo alto. Él dijo que su voluntad debe ser hecha en la tierra, así como es en el cielo (ver Mateo 6:10; Lucas 11:2). En el cielo, todo es en la gloria de resurrección.

Tenemos que traer Su gloria a nosotros, para que el mundo pueda mirar a la Iglesia y ver lo que Dios nos ha creado para ser. En lugar de que la Iglesia esté tratando de copiar al mundo, el mundo debería copiar a la Iglesia. Somos una ciudad asentada en una colina, y damos luz a todo aquel que está en tinieblas (ver Mateo 5:14). Cuando yo camino en el poder de resurrección, dondequiera que voy, no importa si es la estación de gasolina o el almacén, Dios me envía a alguien que necesita una oración del Espíritu Santo.

Reitero, quiero devolverte el fuego. Quiero asegurarme de que estés vivo en Jesús. Creo que el Espíritu Santo necesita darles una palmada a algunas iglesias para ver si están vivas o no, así como los doctores solían darles una palmada a los bebés recién nacidos en su trasero para asegurarse de que estuvieran respirando. El cuerpo de Cristo necesita una descarga para volver al plan de Dios para la victoria en sus vidas.

DAR A LUZ ALGO EN DIOS

Cristianos, Dios nos está llamando a dar a luz algo en el mundo hoy. Él está tratando de despertar a Su Iglesia. ¡Jesús viene! Necesitamos trabajar para traer al perdido. "Me es necesario hacer las obras del que me envió, entre tanto que el día dura; la noche viene, cuando nadie puede trabajar" (Juan 9:4). Tenemos que ver gente saliendo de las tinieblas a Su maravillosa luz. Tenemos que levantarnos y hacer que nuestras voces sean oídas. No debemos tener miedo. Hay cristianos siendo martirizados en todo el mundo, ahora mismo, a causa de su fe en Jesucristo de Nazaret. Nosotros tenemos libertad. Tener libertad significa algo. Hay cristianos que solo pueden adorar en iglesias subterráneas. Por tanto, nosotros no podemos dejar que la luz se apague en nuestras iglesias. Cada mañana tenemos que oír la voz del Señor llamándonos. Cada día debemos preguntarle: "Señor, ¿qué puedo hacer para ti y para tu reino hoy?".

No queremos que el Señor mire y vea la cosecha lista, pero a nadie cosechándola. No queremos que Él diga: "Tus pastores predicaron bien, tus maestros enseñaron bien, pero nadie creyó bien. Nadie deseó verme mover. Nadie deseó ver milagros suceder, ojos ciegos abrirse y cojos caminar". Pero nosotros podemos tener acceso al poder de Dios; está en la punta de nuestros dedos. Está en doblar nuestras rodillas en rendición a nuestro Señor y Rey en todo tiempo.

El Señor me dijo: "Todo aquello que puedas llevar al pueblo a creer, yo lo haré". Nosotros limitamos a Dios. Siempre y cuando nos bendiga con una casa y un carro nuevo, estamos satisfechos. ¿Sabes qué? ¡Yo no estoy satisfecha! Estoy satisfecha cuando veo a la gente clamando a Dios en arrepentimiento, rogando por salvación o para que el Espíritu Santo la llene hasta rebosar. Que la gente corra al altar, que Dios la sane milagrosamente de sus enfermedades; eso quiero ver en la Iglesia hoy.

¿POR QUÉ NO VEMOS MILAGROS?

¿Por qué no vemos milagros en los servicios de nuestra iglesia? Porque todo el mundo está apurado para llegar al restaurante *Denny's* o donde sea que van a comer. ¿Por qué estamos apurados para irnos de la presencia y el poder de Dios? Pero yo quiero ver caer la gracia de Dios. Quiero ver los milagros suceder otra vez; tengo hambre de ellos. "Gustad, y ved que es bueno Jehová; dichoso el hombre que confía en él" (Salmos 34:8).

Dios está haciendo la obra, son Sus milagros. Pero Él usa vasos. Él nos usa cuando creemos y nos sometemos a Su voluntad y poder. Dios hizo retroceder el sol por Josué (ver Josué 10:13). Dios movió la sombra por Ezequías (ver 2 Reyes 20:8-11). Dios quiere hacer proezas a través de Su pueblo. Dios quiere hacer algo por Su pueblo y a través de Su pueblo. ¿Qué proezas quiere Dios que hagas en Su nombre en estos últimos días?

¿Cuánta gente iría a tu iglesia y se arrepentiría si viera las obras del Espíritu Santo sucediendo allí en el nombre de Jesús? La gente fue salva por toda la eternidad cuando vio las obras de Jesús. Él cambió el corazón de la gente. Jesús cambió la vida de la gente. Tus hijos pueden ser libres de ataduras y pecados.

Dale una oportunidad a Jesús; déjalo hacer algo en tu vida ahora. Solo pídele: "Señor, ven y cámbiame. Hazme una persona piadosa en mi familia, en mi trabajo, en la comunidad". La gente nos está mirando todos los días. Yo no me avergüenzo del evangelio; oro por la gente en los restaurantes, en el *Walmart*, donde sea. Una vez eché fuera un demonio de un hombre en un mercado en *Boston*. Su madre danzaba de gozo por todo el restaurante. ¿Recuerdas cuando fuiste salvo? ¡Oh, cuánto amabas a Jesús! Se lo decías a todo el mundo. Ahora te da vergüenza hasta abrir la boca en el almacén. He dado este mensaje y la gente me ha dicho: "Tú me avergonzaste hoy. Tenía que arrepentirme, porque me da vergüenza hablar de Dios en lugares públicos". Si realmente quieres, pídele a Dios que venga a ti por Su Espíritu Santo, ahora mismo y te use en milagros.

Que la Iglesia se levante y sea el gobierno más poderoso sobre la tierra. Somos el gobierno del cielo; la gloria y poder de resurrección del Dios todopoderoso. Su voluntad debe ser hecha en la tierra como es en el cielo. Dios quiere dar a luz algo en nosotros; en cada uno de nosotros, sea hombre o mujer, joven o anciano. Dios tiene un plan y un propósito más allá de lo que podemos imaginar. Deja que el poder de la gloria nazca en ti hoy. Deja que Dios resucite todo en tu vida. Repito, la Biblia dice que Él nos ha hecho más que vencedores. "Antes, en todas estas cosas somos más que vencedores por medio de aquel que nos amó"

(Romanos 8:37). Deja que el poder de resurrección vuelva a tu corazón. ¡Sé un valiente vencedor en Jesucristo!

ABRE LOS PORTALES DEL CIELO

Padre celestial, te pido que abras los portales del cielo y derrames tu gloria en la tierra. Unge a tu pueblo en el nombre de Jesucristo con el mismo poder de resurrección que les diste a los apóstoles y a la iglesia primitiva. Haz que la Iglesia de hoy se levante y vuelva a su mejor tiempo. Tú dijiste que la gloria postrera será mayor que la primera. Señor, te necesitamos. Necesitamos tu poder de resurrección en este día, en esta hora. Tú eres el Dios del AHORA. Señor, hoy es el día de salvación; haz que ese poder se levante en nuestros corazones. Hágase todo en este mismo día para tu gloria, en el nombre de Jesucristo del cielo, el mayor nombre jamás conocido por la humanidad, el nombre que es sobre todo nombre en la tierra.

Señor, úsanos para dar a luz algo glorioso para Ti. Úsanos en milagros. Señor, úsanos para glorificar tu nombre. Que haya un vuelco tan grande que el mundo vea tu poder y amor a través de tu pueblo. Que haya una explosión divina en tu Iglesia. Señor, quiero que todos podamos caminar, correr, en tu poder. Quiero ver ojos ciegos abrirse y a la gente sanada. ¡Te damos a ti la gloria! ¡Te damos a ti la alabanza!

¡Tú eres el Dios del AHORA! Haz que ocurran momentos "Y aconteció" ahora, de manera que lleven gloria a ti para que todos conozcan que el Dios todopoderoso todavía se mueve entre los pueblos de la tierra, en el poder del Espíritu Santo.

¡Dios los bendiga a todos!

ACERCA DE LA AUTORA

Glenda *Underwood Jackson* es una poderosa profetisa y evangelista de sanidad. Ella se mueve en señales, maravillas y milagros para glorificar a Jesús. Desde 1974, *Glenda* ha sido una evangelista misionera. El enfoque primario de su ministerio por más de treinta años fueron los nativo-americanos, ministró a muchas tribus a través de *California, Nevada* y *Arizona*.

Glenda viene de un trasfondo de la Iglesia de Dios. Su padre, C. L. *Underwood*, fue un evangelista sanador que vio muchos grandes milagros en sus servicios. Su tía bisabuela fue *Maria Woodworth-Etter* (1844-1924), a quien algunos consideran haber tenido uno de los ministerios evangelísticos más poderosos de los tiempos modernos.

El 29 de diciembre de 2007, fecha de su cumpleaños, *Glenda* tuvo una visitación angelical poderosa del Señor en la cual le dijo que se le abrirían las puertas para entrar a los más grandes ministerios en los Estados Unidos. Desde entonces, las puertas se han abierto de par en par para su ministerio. *Glenda* ha ministrado en muchas *Conferencias de Fuego* para el evangelista *Benny Hinn*, en el *Ministerio Internacional El Rey Jesús* con el apóstol *Guillermo Maldonado*, y en la *Convención Mundial de Empresarios del Evangelio Completo Internacional*. También ha aparecido en el programa *It's Supernatural!* (¡Es sobrenatural!) de *Sid Roth*. *Glenda* ha ministrado en numerosas iglesias, conferencias y reuniones de campamento en los Estados Unidos, Europa y África. Su ministerio está marcado por sus palabras proféticas precisas. En respuesta a su ministración, *Glenda* dice a menudo: "Yo no soy nada; todo es Dios".